O PODER DA ESCOLHA CERTA

RAYMOND CHARLES BARKER

O PODER DA ESCOLHA CERTA

Saber como tomar decisões vai mudar a sua vida.

TRADUÇÃO
Claudia Gerpe

BRASIL - 2021

Lafonte

Título original: *The Power of Decision*
Copyright © Richard Collins, 2011
Copyright © Editora Lafonte Ltda., 2014

Todos os direitos reservados.
Nenhuma parte deste livro pode ser reproduzida sob quaisquer meios existentes sem autorização por escrito dos editores.

Edição Brasileira

Direção Editorial *Sandro Aloísio*
Tradução *Claudia Gerpe*
Diagramação *Designios Editoriais*

Capa *Aline Celegatto / Punto Agência de Marketing LTDA.*
Imagem *Freepik.com*

Dados Internacionais de Catalogação na Publicação (CIP)
(Câmara Brasileira do Livro, SP, Brasil)

Barker, Raymond Charles
 O poder da escolha certa : saber como tomar decisões vai mudar a sua vida / Raymond Charles Barker ; tradução Claudia Gerpe. -- São Paulo : Lafonte, 2021.

 Título original: The power of decision
 ISBN 978-65-5870-106-4

 1. Conduta de vida 2. Subconsciente 3. Tomada de decisão I. Título.

21-67548   CDD-153.83

Índices para catálogo sistemático:

1. Tomada de decisões : Psicologia   153.83

Cibele Maria Dias - Bibliotecária - CRB-8/9427

Editora Lafonte
Av. Profa Ida Kolb, 551, Casa Verde, CEP 02518-000, São Paulo-SP, Brasil – Tel.: (+55) 11 3855-2100
Atendimento ao leitor (+55) 11 3855-2216 / 11 3855-2213 – atendimento@editoralafonte.com.br
Venda de livros avulsos (+55) 11 3855-2216 – vendas@editoralafonte.com.br
Venda de livros no atacado (+55) 11 3855-2275 – atacado@escala.com.br

Impressão e Acabamento
Gráfica Oceano

"Eis a razão pela qual apliquei *The Power of Decision* a minha vida e compartilhei durante anos seus ensinamentos: ele funciona!

AUGUST GOLD
coautor de *The Think and Grow Rich Workbook*

Sumário

Introdução 9

Apresentação 13

Prefácio 17

Capítulo 1 O fator inteligência 19

Capítulo 2 Indecisão 37

Capítulo 3 Decisão 53

Capítulo 4 Decida ser feliz 69

Capítulo 5 Decida viver com abundância 85

Capítulo 6 Decida ser saudável 101

Capítulo 7 Decida ser criativo 119

Capítulo 8 Decisões, decisões, decisões 135

Apêndice I: O plano de sucesso do poder da decisão 151

Apêndice II: Glossário 157

Introdução

Você gostaria de sentir mais entusiasmo pela sua vida e ser mais eficaz em seus esforços? Gostaria de saber como desfrutar de mais sucesso no trabalho e nos relacionamentos? Se for assolado por dúvidas, não seria emocionante saber como se livrar delas de uma vez por todas?

Você tem em mãos um livro que o inspirará a viver a existência mais gratificante que já imaginou. Vai aprender habilidades que lhe darão respaldo para o próprio sucesso em qualquer empreendimento, seja ele pessoal ou profissional. Logo após ler o primeiro capítulo, você já saberá que, não importam os desafios com os quais possa ter deparado no passado, a partir de hoje você pode seguir um caminho positivo que lhe permitirá transpô-los.

The Power of Decision foi publicado pela primeira vez em 1968. O autor, dr. Raymond Charles Barker, foi um talentoso professor, ministro de igreja e orador, que lotava o Avery Fisher Hall no Lincoln Center em Nova York todas as manhãs de domingo. Este livro é mais que um conjunto de lições sobre como tomar as melhores decisões. É um manual para que você – o tomador de decisões, o criador de uma vida satisfatória, o dirigente de sua mente – se torne a pessoa poderosa, produtiva e feliz que nasceu para ser. No primeiro capítulo, o dr. Barker diz o seguinte ao leitor: "Você é a Inteligência, capaz de saber a ideia certa no momento certo para tomar a decisão certa".

Este livro, um clássico da ciência mental, vendeu vários milhares de exemplares desde que publicado pela primeira vez. Ele tem sido usado em universidades, igrejas, seminários de negócios e grupos de Master Mind, além de ajudar uma infinidade de pessoas a viver a existência que realmente desejam.

Independentemente de você se considerar religioso, espiritualista, agnóstico, mais voltado aos negócios, centrado na família, um inquieto inveterado, líder, criador de relacionamentos ou qualquer outra descrição que prefira, este livro lhe será útil enquanto estiver criando a vida que tiver escolhido. O dr. Barker explica que você, e apenas você, é responsável pelo seu nível de satisfação. Ele escreve o seguinte: "A Inteligência o criou e o lançou em um caminho de autodescoberta e autodecisão".

O dr. Barker descreve como criamos nossas próprias experiências, quer estejamos ou não conscientes dessa atividade criativa em nós mesmos. Criamos o que experimentamos por meio da lei de causa e efeito. Em uma linguagem vigorosa e direta, o dr. Barker nos adverte a tomar cuidado com nossas desculpas, a parar de nos regozijar no martírio, a nos abster da indecisão e a deixar de ser comodistas. Ele não nos exime da responsabilidade do próprio pensamento, mas tampouco nos deixa em dúvida, questionando-nos sobre o que *não* fazer.

Eis algumas das habilidades direcionadas ao viver que você aprenderá neste livro:

- Como se livrar dos problemas.
- Como se livrar da culpa e do remorso.
- Como administrar seu criador interior, a mente subconsciente.
- Como aceitar a autodeterminação.
- Como criar o que há de melhor na abundância, na saúde, no amor e no trabalho criativo.
- Como procurar novas ideias que lhe sejam fascinantes.
- Como se decidir pela grandeza.
- Como atuar dentro do processo do sucesso.
- Como mudar o mundo.

Esta edição contém diversos novos componentes que tornam este clássico ainda mais agradável e útil. Foi acrescentada uma apresentação, escrita por um aluno do dr. Barker, ele próprio médico e ministro de igreja, Lloyd George

Tupper. O reverendo Tupper narra histórias sobre seu amado mestre que dão vida à personalidade de Raymond Charles Baker.

Também adicionamos um Glossário ao final do livro, com a definição de alguns dos termos metafísicos usados pelo dr. Barker. Embora *The Power of Decision* tenha sido lido e colocado em prática por pessoas sem nenhuma experiência prévia da ciência mental, acreditamos que um glossário adicionará profundidade a esses vigorosos conceitos.

Por fim, incluímos um Apêndice com aplicações das ideias contidas em *The Power of Decision* para que você coloque esses conceitos imediatamente em prática na vida pessoal. O Plano de Sucesso apresenta sugestões práticas, passo a passo, para que você aplique as lições transformadoras do dr. Barker às suas próprias decisões. O apêndice foi escrito pela professora Pamela Grey, que há anos dá aulas baseadas no livro do dr. Barker para o nível universitário, e o glossário foi redigido pela reverenda Karyl Huntley.

Esperamos que este livro mude sua vida para melhor. A verdade é que sua mente já contém ideias notáveis, transformadoras e revigorantes. Elas foram introduzidas lá apenas para uso pessoal; são SUAS ideias, bastante proveitosas para você e o mundo. Elas são parte do que o torna a maravilha individual, exclusiva e não reproduzível que você é. Existem maneiras de você se conscientizar sobre essas ideias, e há maneiras de você, corajosamente, decidir levá-las para o mundo. *The Power of Decision* lhe mostrará como fazer isso. Nas palavras do autor: "Você é a pessoa certa, que está no lugar certo, para criar um mundo certo para si mesmo".

REVERENDA KARYL HUNTLEY

Apresentação

Quando olho para trás agora, tantos anos depois, eu me pergunto: quem iria imaginar que uma decisão tomada em um dia de outono de 1968 em Nova York mudaria o rumo de minha vida de maneira tão impressionante? Enquanto redijo esta apresentação para a reedição do clássico *The Power of Decision*, de autoria de Raymond Charles Barker, compreendo que essa decisão alçou minha existência a um novo patamar de sucesso e felicidade, gerando uma paixão pela vida desconhecida nos anos de minha juventude. Foi devido a essa decisão que me tornei professor e doutor em Divindade, compartilhando os princípios contidos no livro que você tem agora em mãos.

Em setembro de 1967, durante uma visita a Nova York, compareci a uma palestra de Raymond Charles Barker. Um amigo havia ouvido a apresentação do dr. Barker no teatro Town Hall de Nova York e tinha certeza de que eu adoraria ouvir a mensagem dele de profunda inspiração e sabedoria espiritual prática. Fiquei muito impressionado. Essa palestra me preparou para a decisão que estava por vir.

Minhas experiências nos anos que precederam a ocasião em que conheci o dr. Barker foram, na maior parte, deploráveis. Eu acreditava então que Deus, e o resto do mundo, deveria tomar todas as decisões por mim. Sentia-me incapaz da tarefa de saber o que eu queria e de agir em função de decisões ponderadas. Em poucas palavras, tinha a crença inapropriada de que Deus propiciaria tudo ou que pessoas mais sábias que eu estavam no controle, e que qualquer envolvimento de minha parte seria irrelevante.

Vivia a declaração do livro do dr. Barker, que viria a significar muito para mim: *A indecisão é, na realidade, a decisão da pessoa pelo fracasso.*

Era especialista em demonstrar a verdade desse ensinamento. Minha falta de participação nas decisões de minha vida era, com efeito, a decisão, por legítimo direito, de fracassar.

O primeiro passo que mudou minha vida, em fevereiro de 1968, foi o compromisso que assumi de conhecer esse grande homem e convencê-lo a me aceitar como aluno. Decidi que faria o que fosse necessário para frequentar suas aulas e palestras, embora residisse em Los Angeles na época.

O dr. Barker tornou-se meu mentor, professor, orientador de preces e, essencialmente, um querido amigo desde fevereiro de 1968 até a ocasião de sua morte, vinte anos depois. Minha decisão de conhecer a fundo os ensinamentos e seguir as recomendações desse homem me proporcionou à época, e ainda hoje, o maior dos presentes da vida. Sinto-me ainda mais animado com o fato de um número cada vez maior de pessoas estar compreendendo a sabedoria atemporal contida nos livros do dr. Barker, não apenas sobre o poder de tomar decisões, mas também a respeito da sabedoria espiritual para todas as experiências da vida afetadas por essas decisões.

Nos anos que transcorreram entre 1968 e seu falecimento, em 1988, tive a oportunidade de interagir com o dr. Barker em diversos cenários, e observei que ele sempre se mantinha mestre do princípio espiritual que professava tanto no púlpito quanto na sala de aula. Certa vez, por exemplo, quando fazíamos um cruzeiro para Bermudas, eu o observei ser cortejado por seus admiradores, proferindo verdades espirituais para todos os que passavam por ele. Visitei-o no condomínio onde morava, no Upper East Side em Manhattan, onde, de seu apartamento situado no trigésimo quarto andar, tinha uma visão panorâmica de quase toda a cidade. No entanto, o que ele realmente adorava era a opulência de morar sobre uma concessionária da Rolls-Royce. Certa vez fui ao teatro com ele, e lembro-me de ouvi-lo dizer: "Lloyd, você jamais saberá quantas pessoas decidem ir a um jogo de beisebol, ao teatro ou à ópera e se esquecem completamente dos males que as afligem. Enquanto se divertem, tomam a decisão inconsciente, naquele momento, de se curarem".

Sendo um mestre das técnicas espirituais na manifestação de uma existência significativamente satisfatória, o dr. Barker insistia em uma abordagem prática à tomada de decisões. Falava com autoridade espiritual e valorizava essa autoridade quando a ouvia dos outros. Ele era preciso, metódico e detalhista. Qualquer pessoa compreendia que estava na presença de um homem sensato e equilibrado. Todos os seus alunos se sentiam inspirados a imitar suas técnicas de sucesso. Ele não tinha tempo para os tímidos, mas era dedicado e assumia um compromisso com qualquer pessoa que praticasse os seus ensinamentos e decidisse obter sucesso na vida.

Sua postura de sábio poderoso de fé e entendimento absolutos a respeito de como a vida funciona e de que maneira devemos agir é como me lembrarei dele sempre. Esforço-me para trazer à tona, em meus ensinamentos, a autoridade espiritual que aprendi com esse homem notável. Ele nunca suplicava; apenas anunciava! Aprendi com meu mentor, o dr. Barker, a procurar diretamente o princípio espiritual ao lidar com qualquer questão da vida. Ele não tolerava desculpas, e eu também não as tolero. Ouço sua voz me advertindo: "O Universo não espera por ninguém. Vá em frente e proclame a Verdade suprema". Aprendi a tomar decisões poderosas e positivas seguindo os ensinamentos desse meu professor, que agora também pode ser o seu.

Estou certo de que sua decisão de comprar este livro não fará menos por você do que fez por mim ao longo desses anos. Desejo que você tenha um sem-número de manifestações de sucesso na vida, baseadas em decisões habilidosas e espiritualmente poderosas.

LLOYD GEORGE TUPPER

Prefácio

Há vinte anos, proferi uma série de palestras em um seminário sobre o tema "O poder da decisão". Os presentes consideraram as ideias apresentadas extremamente proveitosas, de modo que tomei a decisão de escrever este livro.

Estou certo de que os princípios e as ideias explicados nestas páginas ajudarão muitas pessoas a clarear seu raciocínio e a tomar decisões corretas. Demonstrei, com exemplos da minha vida, que eles são verdadeiros. Pouquíssimas pessoas vivem a vida que realmente desejam. A existência de uma pessoa pode ser plena e abundante. Tudo depende das decisões que são tomadas. As decisões corretas apenas aguardam sua descoberta. Elas já se encontram em sua mente. Este livro o auxiliará a revelá-las.

CAPÍTULO 1

O Fator Inteligência

A capacidade individual de agir sem inteligência em um universo inteligente é impressionante. A falta de inteligência que funciona na consciência humana produz decisões incorretas. Em decorrência delas, as pessoas se limitam por meio de doenças, tensão financeira, brigas em família e frustração, sendo tudo isso desnecessário. O poder de tomar a decisão certa é seu, e este livro revelará métodos que lhe possibilitarão criar uma mente saudável, a qual rejeitará decisões equivocadas.

A ciência moderna prova que o universo, o cosmo, é um campo de Inteligência no qual a Inteligência, deixada pela própria conta, agirá e reagirá de maneira inteligente. A ciência encontra causa na criação buscando entender como funciona o processo criativo em uma estrutura inteligente, conhecida como ordem baseada em lei. Esse processo criativo individualizado no homem é sua capacidade para tomar decisões corretas.

A Mente Infinita não poderia agir sem inteligência. O cosmo não seria a visibilidade da ideia, da lei e da ordem completas se o Infinito conhecesse um instante sequer de confusão. A causa nunca é inconclusiva, jamais é perturbada e tampouco malsucedida. Ela continua a agir inteligentemente como lei e ordem, não importa o que façamos com nossa vida. O tempo e o espaço permanecem para sempre os mesmos, enquanto nos deslocamos através deles. O homem pode ser limitado, mas o universo não é.

A INTELIGÊNCIA O CRIOU

Qualquer criação de uma Inteligência Infinita tem de ser inteligente. Além disso, o propósito, o plano e o processo de passar a existir são necessariamente inteligentes. Somos um resultado inteligente de uma Mente Infinita que age com propósito, a exemplo da Inteligência, para se expressar como Inteligência em um universo de Inteligência. A lei e a ordem são tão inerentes a uma pessoa quanto o são no plano universal das coisas.

O recém-nascido é resultado da Inteligência. Meses a fio, a inteligência na mente subconsciente da mãe trabalhou para trazer ao mundo essa criança. Ela emerge em um mundo de possibilidade e flexibilidade, para pensar e sentir seu caminho ao longo do tempo de vida. Ela está munida de Inteligência, que se desenvolverá e evoluirá à medida que a criança vai sendo treinada de maneiras inteligentes para agir e reagir na vida. Pensamos no recém-nascido como um ser *engraçadinho*, mas raramente como manifestação da Inteligência. No entanto, toda criança individualiza a Mente Infinita.

COMO NASCEM OS PROBLEMAS

A manifestação do universo é a operação contínua de uma Causa Primordial, que é a Mente. Somos também uma operação contínua dessa Causa Primordial como Mente em ação consciente. Nossa Inteligência, consciente e subconsciente, agindo no subconsciente universal do cosmo, possui poder total de autoexpressão e autoevolução. Existe um único Deus, uma única Mente, uma única Causa e uma única Inteligência, que nós apenas individualizamos. A nós é dada a totalidade da Mente para que a utilizemos e materializemos Suas ideias em forma.

As dificuldades têm lugar quando um fator não inteligente é introduzido em um campo de atividade inteligente. A preocupação é um fator não inteligente, assim como o medo, o ódio e o ressentimento. Essa lista poderia incluir todos os elementos negativos de que se tem conhecimento. Eis aí o despontar do problema. A preocupação é o período de gestação durante o qual a situação negativa é produzida pelo pensamento, configurando-se em nossa experiência como um problema.

A Mente Universal, sendo impessoal, sem saber o que Ela cria, porém sabendo como fazê-lo, permanece imperturbável perante as criações não inteligentes do pensamento, que temporariamente existem dentro dela. Deus não é perturbado por nossas decisões equivocadas, pois são ações não inteligentes em uma Mente Universal de Inteligência.

CONHEÇA A SI MESMO COMO MANIFESTAÇÃO DA INTELIGÊNCIA

Depois de ler a próxima frase, faça uma pausa e em seguida a profira em voz alta. *Eu sou Inteligência pura, sempre agindo de modo inteligente.* Sua mente reage instintivamente com um *não*? Essa afirmação contraria todas as conclusões às quais chegou até agora? Se for esse o caso, você precisa dos ensinamentos deste livro. A mente e o que Ela cria são uma só coisa. Jesus disse: "Eu e meu Pai somos um" (João, 10:30).

Você nasceu da Inteligência, como Inteligência, para expressar Inteligência. A preocupação, o medo, a doença, a discussão e a frustração não são sua herança natural, mas sim uma maneira anormal e pouco saudável de usar a mente e as emoções que você equivocadamente pressupôs serem necessárias para sua vida cotidiana. O fato de você refutar o que acaba de ler, dizendo que esses estados negativos são normais porque todo mundo os tem, não os tornam algo natural. Todas as doenças do mundo não podem desmentir o fato de que a saúde é a condição normal. Toda a tristeza do mundo não consegue provar que a felicidade é anormal. É óbvio que saúde, felicidade, abundância, amor e autoexpressão são a maneira natural de viver.

O fato de você e todas as outras pessoas desejarem saúde, riqueza, felicidade e oportunidades de autoexpressão indica que essas coisas já estão latentes dentro de você; caso contrário, não seria possível buscá-las no universo de sua experiência. E, se estão dentro de você, como chegaram aí? A mente individualizou esses potenciais em sua consciência porque você só exprime a vida de maneira inteligente quando expressa essas necessidades.

NOVA AUTOPERCEPÇÃO

Eu sou Inteligência pura, sempre agindo de modo inteligente. Se conseguir proferir a frase sem rejeição subconsciente dessa verdade, você está bem adiantado no caminho do entendimento espiritual. Se a ideia central abordada aqui não causa nenhum conflito em sua aceitação de si mesmo como manifestação da Inteligência, então você está pronto para viver de maneira eficaz. Não há como ir além da autoimagem que você aceita. Enquanto subestimar a si mesmo, não conseguirá ter sucesso na vida. Ninguém é estúpido. A estupidez é apenas o uso inadequado da Inteligência de maneira não inteligente. Todos, entre eles você, são a Mente em ação, com o potencial de grandeza aguardando o comando da pessoa para ascender das profundezas da consciência e iniciar a ação criativa.

Para desenvolver essa nova consciência de si mesmo como Inteligência, use o tratamento espiritual apresentado a seguir, tanto em silêncio quanto em voz alta. Ele despertará possibilidades latentes dentro de você e iniciará a atividade delas.

> Existe uma Causa, uma Mente, uma Origem. Eu sou, porque essa Causa me criou a partir de Si mesma a fim de se expressar através de mim. Essa Causa, por ser Mente pura, me criou como Mente pura em ação. Deus me conhece como instrumento inteligente de Suas grandes ideias. Por consequência, eu agora me conheço como a Mente de Deus manifestada. Sou uma individualização alerta e vital da Mente Infinita. Sou Inteligência, Sabedoria e Conhecimento. Todas as ideias de que preciso já estão dentro de minha consciência. Essas ideias estão agora ativadas em meu pensamento, e estou plenamente consciente delas. Daqui em diante e para sempre, tomarei as decisões certas.

NÃO CONTRA-ARGUMENTE

Sua mente humana poderá refutar, com o argumento de que, apesar de ter feito o melhor possível ao longo dos anos, ainda assim tomou várias decisões erradas.

Ninguém jamais fez o melhor possível. As mais notáveis mentes criativas, que produzem obras-primas na arte, literatura, dança, música e nas ciências, nunca estão satisfeitas com o que fizeram. Não julgue a si mesmo em função do que fez. Julgue-se com base no que fará. Você não é o passado. Você é o presente, que está se tornando futuro. Você é um potencial da Mente, e essa

Mente só conhece o *agora*. Ela nunca julga ninguém, não mantém registros e só conhece o que há de bom em você.

O pianista de concerto pode jogar uma partida de golfe. O espectador pode vê-lo como golfista; seus amigos, no entanto, conhecem-no como pianista. O fato de ele ser golfista não exclui o fato de ser pianista. Ter cometido erros não anula o fato de que você é Inteligência em ação. Toda pessoa na Terra já cometeu erros. As que seguem adiante com a vida jamais perdem tempo lambendo as feridas. Novas ideias as conduzem ao passo seguinte do caminho.

Separe em seu pensamento o golfista do pianista. O próximo concerto revelará o talento desse artista ao piano. Separe-se das conclusões equivocadas do passado, pois não são mais o que você é. Você é a Inteligência tomando decisões certas, já que é orientado por ideias certas, que funcionam no agora, no hoje, neste momento, neste minuto. A vida jamais criou uma pessoa problemática. Ela criou alguém capaz de lidar com problemas.

VOCÊ NÃO É O PROBLEMA

Você não é agora, nem nunca foi o problema. Você é a pessoa que vê o problema a fim de ativar a ideia necessária para resolvê-lo. São as ideias, e não corpos físicos, que resolvem problemas. A mente e a emoção são os fundamentos da vida, e você é mente e emoção. Você nunca é o escritório, a coisa ou a situação. Você é Inteligência, capaz de conceber a ideia certa na hora certa para tomar a decisão certa. As ideias certas, que ativam decisões certas, fazem soar a marcha fúnebre para tudo o que é negativo. O mal não consegue permanecer no caminho de quem é agraciado com ideias atuais.

"O caminho dos justos é como a luz resplandecente, que brilha cada vez mais até o dia perfeito" (Provérbios, 4:18). Essa passagem da escritura o define com você realmente é. O universo não é perturbado pela estupidez e ignorância humanas a respeito do que o indivíduo realmente pode ser. O universo nunca está com pressa. Ele é lei e ordem. E espera que a pessoa caia em si e se conheça de maneira correta. Uma vez que você se conheça como Mente, vai controlar para sempre sua experiência por meio de ideias, e não pela manipulação de eventos materiais. Os pensadores mudam o mundo, e você é um pensador.

FIQUE ATENTO ÀS PRÓPRIAS DESCULPAS

Na qualidade de pensador, você determina sua experiência. A única coisa que o antagoniza são seus padrões subconscientes de inferioridade e frustração. Tome nota mentalmente das desculpas e justificativas que você apresenta para os próprios erros. Elas revelarão os padrões mentais subconscientes que você precisa anular. Ao divisar a autocriação, você poderá então, por meio do tratamento da mente, reduzir, de modo gradual, os padrões de fracasso profundamente arraigados e substituí-los por um novo conceito de autoaceitação que o farão criar o que deseja no mundo.

Ernest Holmes, fundador da Religious Science, escreveu: "não existe pecado e sim um erro, e nenhuma punição e sim uma inevitável consequência".[1] Deus só pode fazer por você o que fizer por si mesmo. Você pode ser uma daquelas pessoas que acreditam não poder evitar serem quem são. Desperte agora para um grande fato da vida: você, e apenas você, é responsável pela sua vida.

OS PROBLEMAS NÃO O TORNAM ALGUÉM MELHOR

Quando você sabe a verdade, liberta-se do que não é verdadeiro. Quando reconhece que é Inteligência em evolução e expansão, fica livre dos padrões anteriores de não inteligência. Você não culpa mais o mundo, a nação ou a família. E, com certeza, não põe a culpa em Deus. Tampouco chafurda na autocomiseração, na autoilusão ou na autodepreciação.

Jesus não estava interessado na causa passada da mente do homem no Tanque de Betesda. Ele lhe disse: "Levanta, toma o teu leito, e anda" (Marcos, 2:11), e foi exatamente o que o homem fez. Instantaneamente, ele se livrou de anos de pensamento negativo, anos de preocupação e derrota. Era um novo homem quando seguiu seu caminho regozijando-se com sua saúde. Você poderá fazer o mesmo quando se reconceber como Inteligência em ação. Tudo o que é criativo responde dentro da mente quando você lhe entrega uma decisão inteligente. Todo progresso depende de enxergar a si mesmo como maior do que você é, porque então seu potencial interior se agita e sua capacidade

---

1. Ernest Holmes, *The Science of Mind*. Nova York: Dodd, Mead and Company, p. 100-1.

criativa se expande. Você é conduzido corretamente pelo seu eu interior, e vislumbra o que *vai ser*.

CAUSA E EFEITO

O uso não inteligente da mente só pode produzir um resultado não inteligente. Você não diz que a sombra é culpa do Sol. O Sol não causa a sombra; o que a causa é um objeto ou alguém que bloqueia o Sol. A sombra resulta de uma obstrução. Seu problema resulta de uma obstrução em seu pensamento. Você não está deixando a vida circular através de você da maneira como ela tem de funcionar. A Inteligência Divina jamais criou um problema para alguma de suas criações. Assim como o Sol, Ela é eternamente Ela própria, doando-se continuamente e alheia à maneira equivocada como utilizamos essa grande dádiva. Se você ficar de costas para o Sol, poderá observar sua sombra; se virar o rosto de frente para ele, não verá a sombra. E, se não vir a sombra, ela não existirá em sua percepção consciente. Por consequência, não será real em sua experiência.

Os problemas são sombras criadas pelo homem quando ele se recusa a enfrentar a luz da Inteligência e, por essa razão, toma decisões erradas e habita os túneis da preocupação, confusão e derrota. O problema não existiria se você não existisse para criá-lo e vivenciá-lo. Desvie a atenção da preocupação com o problema e conceda essa mesma quantidade de pensamento e sentimento à conscientização de si mesmo como Inteligência em ação. Em seguida, uma ideia correta surgirá em seu pensamento, e você triunfará sobre o inimigo da ideia errada preconcebida. Você é uma nova causa produzindo um novo efeito. Você gosta do novo efeito, e ele o beneficia, pois nasceu da Inteligência e foi alimentado pelo seu planejamento inteligente.

VAI DAR CERTO?

Os céticos dizem que esse método de ação mental redirecionada é simples demais. Acreditam que um sistema mais profundo funcionaria melhor. Isso acontece devido ao falso conceito de que profundidade indica espiritualidade. A afirmação de que quanto mais educarmos o intelecto menos problemas teremos é incorreta. Se fosse esse o caso, não haveria hoje nenhum problema na face da terra. O número de pessoas com conhecimento e *know-how* atualmente é o maior que já houve na história deste planeta, mas os problemas não diminuíram; pelo contrário, eles se intensificaram.

A simplicidade de Jesus foi suplantada pela complexidade de Paulo. A simplicidade do Nazareno foi estudada pelos eruditos e, nas numerosas interpretações, o ensinamento original, claro e correto de Jesus se perdeu. O conceito professado por Jesus – mude os pensamentos e, com isso, transforme sua experiência – enevoou-se em meio a sistemas teológicos que garantem um futuro céu e um futuro inferno. O hoje se perdeu no amanhã. O passado foi consagrado e validado quando apenas uma parte muito pequena dele realmente foi boa. A mensagem correta e sensata de Jesus é uma técnica atual para um mundo atual.

Sim, esse ensinamento vai dar certo. Quando você introduz novas ideias criativas na Inteligência universal que é a Mente, você cria o que deseja, quando quiser.

OBTENHA O QUE VOCÊ DESEJA

Não há nada errado em obter o que você deseja, desde que seja de modo ético, sem prejudicar ninguém. A autoprivação não encerra nenhuma virtude. As nações ocidentais declaram agora que não existe virtude na pobreza. Procuram exterminar a pobreza, dar a todos os recursos necessários para que tenham uma vida plena e criativa. Já se foram os dias em que a teologia podia proclamar que os pobres estão mais perto do Reino do que os ricos. A Economia Divina se baseia em Igualdade Divina. Cada pessoa é dotada de Inteligência para agir de acordo com os métodos da Inteligência a fim de criar um mundo individual de paz e abundância.

Mesmo que uma ideia, sistema ou filosofia seja profundo, ele não é necessariamente verdadeiro. Nada é verdade a não ser que funcione. E tem de funcionar para você, não para outra pessoa. Sua mente, por ser o centro e a extensão de sua experiência, pode criar, e criará, o que você deseja, quando pensar e sentir o que quiser. Enquanto estiver pensando e sentindo o que não quiser, sua mente continuará a criar o inferno particular que você aceitou na terra.

TRANSFORME SUA IMAGEM MENTAL

Escrevo este livro para pessoas que desejam criar o próprio bem, sem querer que outros o criem para elas; para quem está disposto e é capaz de aceitar a responsabilidade por suas ações mentais. Tais pessoas recusam-se a se esquivar com desculpas induzidas dentro da consciência. Elas enfrentam a si mesmas, corrigem o modo de pensar e criam o céu na Terra, tendo tomado a decisão de ser o centro criativo da própria experiência. Não culpam mais nem censuram. Não acreditam no que os outros acreditam. Elas transformaram o modo de pensar e se certificam de que ele esteja em harmonia com as metas de sua decisão. Seguram as rédeas com firmeza. Não vacilam. Elas sabem, e o que sabem faz o que é benéfico lhes acontecer.

Você pode fazer isso. É possível que afirme que não, mas pode sim. Ao longo dos últimos cinquenta anos, em que tenho ensinado a ciência da mente,[2] tenho visto com meus próprios olhos o progresso na situação de centenas de pessoas que enfrentaram a si mesmas corajosamente, corrigindo os hábitos mentais. O inválido crônico que decidiu ser saudável. O fracassado crônico que decidiu ser um sucesso. O cronicamente solitário que decidiu abrir uma linha de comunicação com o amor e se permitiu ser amado. Todo tipo de problemas foi enfrentado e resolvido.

E quanto aos fracassos? É evidente que houve centenas de fracassos. Nenhuma ciência dá resultado se a pessoa que a aplicar não seguir as leis dessa ciência. Quem tem pouco entusiasmo, em qualquer área realiza pouco. Aqueles cujo entusiasmo logo diminui voltam a se ajustar às suas queixas. Não existe um remédio absoluto que cure todos os que sofrem da mesma doença. Apenas os curáveis podem ser curados.

ATIVIDADE INACABADA

A criação é contínua. Existimos em um constante processo criativo. Pensadores modernos gostam de acreditar que Deus baixou as portas do seu negócio.

---

2. O autor refere-se ao método apresentado no livro de Ernest Holmes, *The Science of Mind*, mencionado anteriormente. (N. da T.)

É impossível. A Mente Infinita precisa ser um Processo Infinito. E, por ser Infinita, não se limita pela própria criação. Não pode ser condicionada por nenhuma pessoa, situação ou limitação. Esses fatores são criação do homem e existem temporariamente no Infinito, assim como a onda sobre o mar. O mar permanece o mesmo enquanto a onda surge e desaparece. A Mente de Deus é a Causa eterna em um Processo eterno de pensamento dentro de Si Mesma, ao redor de Si Mesma, criando ideias de Si Mesma que Ela projeta como forma por meio da Lei de Si Mesma. O Infinito está eternamente no processo de Autodescoberta. Essa Autodescoberta, individualizada no homem, é chamada de evolução. Somos o Infinito expandindo os recém-descobertos aspectos. Um fluxo de novas ideias nascidas do Espírito, da Mente Infinita, jorra a cada instante em nossa consciência. Jesus disse que essa é a água viva, e que, se dela bebêssemos, nunca mais sentiríamos sede. Quando se busca, se encontra, se louva e se explora a fonte interior de ideias, a indecisão deixa de existir.

OS CINCO SENTIDOS

É pouco comum buscarmos dentro de nós ideias e respostas corretas. Aceitamos a evidência dos cinco sentidos como sendo a realidade da vida. No entanto, todos os místicos e mestres, todas as religiões e filosofias, explicaram com cuidado que o mundo fatual deve ser sempre questionado. Uma coisa ser um fato não significa que ela seja uma realidade. Buscar ideias dentro da consciência gera satisfação. Isso faz com que ela continue a evoluir e expandir o que é novo, revigorante e diferente. É o progresso.

A repetição do que é conhecido não é progresso. O que você sabe indica apenas o que ainda resta conhecer. Ninguém jamais soube o suficiente. Jesus disse a seus seguidores que seriam conduzidos à Verdade plena e que fariam obras maiores do que as que ele fizera. Estava consciente do eterno processo evolucionário das ideias que se desenvolvem no homem, como ser humano. O acúmulo de coisas e a estruturação de situações geram falsa segurança. Apesar de agradar aos sentidos, aplacam as demandas criativas que surgem internamente. Proclamam que tudo está bem na superfície, enquanto sob ela, nas profundezas da consciência do homem, a regressão prossegue. A consciência precisa estar revigorada para que as decisões sejam corretas.

ALIMENTO PARA A MENTE

Novas ideias são tão essenciais à mente quanto a comida e a água o são para o corpo físico. Você não pode progredir com base em ideias que orientam agora sua natureza pensante-senciente. Você pode se postar onde está, em meio a manifestações de causas passadas, e observar as rachaduras que começarão a aparecer na argamassa do acúmulo. Pode correr de um lado para o outro a fim de remendar o presente e mantê-lo como está, mas a Vida sempre triunfa no final. Apenas novas ideias, que surgem na consciência provenientes do manancial interior da Mente Infinita, tornarão seguro seu caminho de revelação progressiva.

Você necessita de novas ideias, novas motivações e novos horizontes de realização. Eu necessito deles tanto quanto você. A vida já os forneceu a nós, por meio da atividade inacabada da Mente Infinita. Eles aguardam sua atenção. Procuram-nos como portas abertas através das quais possam se materializar. Precisam de nós tanto quanto precisamos deles. Use o seguinte tratamento espiritual para acolher prazerosamente novas ideias em sua percepção consciente.

> Eu existo no Espírito Infinito, na Mente Infinita, e serei para sempre um só com Ela. Essa Mente desenvolve continuamente novas ideias de Si Mesma, ideias que agora estão também na minha consciência. Sou o instrumento por meio do qual elas se materializam. Acolho com prazer essas ideias. Toda oposição subconsciente a elas será neutralizada em minha mente. Quero, preciso e tenho novas ideias divinas. Elas são meu alimento mental. Oferecem-me novas diretrizes. Conduzem-me a decisões corretas.

REJEITE O QUE NÃO QUISER

A decisão de abandonar o que já chegou ao fim em sua experiência é ainda mais importante que a decisão de acolher prazerosamente novas ideias. Você não pode andar para a frente olhando para trás. O vinho novo não pode ser colocado em garrafas velhas, porque a Bíblia afirma que as garrafas velhas quebrarão. De modo intuitivo, você já sabe o que tem de deixar para trás. De vez em quando, um lampejo em sua consciência o alerta de uma ideia que já esteve viva mas que agora está morta. A mente humana não gosta de mudanças e adia para amanhã o que deveria libertar hoje. Decida neste momento quais são as ideias e situações que não lhe são mais benéficas. Faça uma lista delas. São obstáculos no caminho de seu sucesso. Enquanto não forem descartadas, e as consequências dessa liberação não forem concluídas, as novas ideias não poderão surgir em sua mente.

A palavra *não* encerra um tremendo poder. Aquilo a que você diz *não* começará a se manifestar de maneira ordenada e pacífica. Deixar de dizer *não* a uma situação já concluída resulta, com o tempo, em condições perturbadoras, desagradáveis e desnecessárias. A palavra *não,* quando declarada mentalmente, elimina todo o acúmulo. Ela é objetiva e vai direito ao ponto. A mente subconsciente conhece a palavra *não* como lei de eliminação. Ela age, movida por essa palavra, para se livrar de ideias que não encerram mais vida criativa. A mente subconsciente, por conter dentro de si toda a Inteligência subjetiva, passa a eliminar a ideia (a causa) e seu efeito (o problema), agindo de maneira inteligente e adequada ao realizar esse processo.

COMO FAZER ISSO

Experimente. Escolha um problema que você deseja resolver. Certifique-se de que realmente quer se livrar dele. Diga em voz alta que essa determinada situação não pode mais fazer parte de sua vida. Afirme que essa decisão é final e irrevogável. Imagine-se sem ter mais o problema. Adquira a sensação de que o problema foi embora e nunca mais voltará. Permaneça nessa disposição de ânimo durante vários minutos. Em seguida, desvie a linha de pensamento para algo criativo e interessante. Pense em uma coisa que lhe seja agradável.

Durante o resto do dia, ou da noite, observe seus pensamentos, para não haver interferência no processo subconsciente de eliminação da antiga situação. Toda vez que começar a pensar novamente no problema, *pare* e desvie a atenção para o fato de que ele já não existe em seu mundo. Nunca mais se preocupe com ele, caso contrário, você o estará resgatando e reativando. Sempre que pensar no problema, sua reflexão no momento deverá ser de que ele desapareceu e jamais voltará. Está morto e enterrado. Mais do que isso: simplesmente deixou de existir, em você e nos seus assuntos. Antes de dormir, à noite, agradeça ao Deus no qual você acredita pelo fato de o problema ter desaparecido. No dia seguinte, prossiga com o processo criativo. Diga à mente subconsciente:

> Minha mente subconsciente é uma função da Mente Universal. Ela obedece à minha palavra e age em função dela. Declarei a dissolução dessa condição. Agora reafirmo minha decisão. Não desejo, não preciso e não tenho mais essa situação negativa. Ela desapareceu no nada. Não tem mais poder sobre mim. Graças a Deus, estou livre. Mente que habita em mim, você agora me libertou dessa situação.

A INTELIGÊNCIA É INVIOLÁVEL

Graças a Deus o universo é infalível! Muitos tentaram criar invenções para perturbar a ordem cósmica, e tudo o que conseguiram foi destruir o próprio bem-estar e a paz de espírito. A não ser que seu modo de pensar se baseie na Inteligência da própria Vida, você continuará no vale do esforço e da ansiedade. Criará seus problemas por meio de decisões erradas, e as frustrações se multiplicarão. Tudo isso é desnecessário.

Existe uma única Mente em contínua criação, e você reside Nela. Ela o criou a fim de agir por seu intermédio. Forneceu-lhe o equipamento de que necessita para viver com eficácia e um mínimo de dificuldades. Mas você precisa pensar da maneira como a Mente Universal pensa. Precisa trabalhar mental e emocionalmente como Ela trabalha.

Existe uma única lei mental básica. O que você coloca na mente subconsciente precisa se manifestar em sua experiência. A mente subconsciente atua como a Lei da Criação. Ninguém sabe por que motivo ela faz isso. É automática e impessoal. Funciona dessa maneira em todos, não importam raça, cor ou credo. Ela não depende de intelecto, conhecimento, razão ou sabedoria. É uma Lei inviolável, assim como a Mente que funciona por intermédio Dela também o é. Para o metafísico, essa Mente e essa Lei são os dois princípios fundamentais da vida.

Em outras palavras: os pensamentos que você tem vão para a mente subconsciente. Essa mente aceita o pensamento e age em função dele. Ela não pode fazer outra coisa; faz parte de sua natureza agir dessa maneira. Você não pode pensar e sentir coisas negativas durante certo tempo e manter situações positivas em sua experiência. A Lei do Subconsciente só pode produzir frutos baseados em ideias (as sementes) que você lhe forneceu. Jesus disse que não podemos colher figos em cardos; Paulo chamou isso de semear e colher. O Ensinamento Hermético afirma que o que entra precisa sair. Todos, na verdade, dizem a mesma coisa.

TOME A DECISÃO DE CONTROLAR A PRÓPRIA VIDA

Se você decidir assumir o controle da própria vida e determinar o que acontecerá em seu cotidiano e no planejamento criativo para o futuro, vai precisar do conhecimento que acaba de ser apresentado. O controle depende de você se conscientizar de que sua mente subconsciente é regida pela lei de causa e efeito. Nada jamais lhe aconteceu ou ocorreu a seu redor que não resultasse de sua mente subconsciente. Essa é uma declaração de peso, mas é verdadeira. Você pode contra-argumentar mentalmente, mas, com o tempo, compreenderá que essa afirmação é genuína.

Você nasceu como Inteligência em um universo de Inteligência para se desenvolver, evoluir e criar como manifestação da Inteligência. Lamentavelmente, o mundo não acredita nessa premissa. Sendo assim, passamos os primeiros dezoito anos de vida sendo atulhados de conhecimento. Nosso valor para o mundo baseia-se na quantidade de fatos que conhecemos. Não somos considerados Inteligência; para ser mais exato, somos considerados seres humanos que precisam *se tornar* inteligentes. Na condição de adultos, pressupomos ser inteligentes porque possuímos diplomas para provar esse fato.

O tempo todo, ao longo desse caminho, fomos Inteligência pura, apenas aguardando que nos conscientizássemos disso. Enquanto crescíamos, conhecemo-nos como criança, adolescente e jovem adulto. Fomos condicionados a pensar em nós mesmos como um nome, uma carreira, uma conta bancária e uma posição social. Concordo que grande parte disso é necessária, mas não tão necessária quanto a tornamos.

Você é mais poderoso do que imagina. Sua mente encerra o segredo da vida. Você *pode* agir inteligentemente em um universo de inteligência. Você *pode* decidir o que vai entrar em sua mente subconsciente. Você *pode* pensar o que quiser e, com isso, fazer com que a mente subconsciente produza o que deseja. Você *pode* controlar sua experiência atual, bem como planejar e determinar seu futuro. Milhares de pessoas fizeram isso. Outros milhares o fazem agora. Por que não se unir às fileiras e se tornar também o que deseja ser?

O PERIGO DA PROCRASTINAÇÃO

O presente é o momento da decisão. Na realidade, você toma decisões o tempo todo. No próximo capítulo, vou lhe mostrar que a indecisão é na realidade uma decisão: a decisão de fracassar. Agora é a hora de deixar o nível do cotidiano não inteligente e avançar para o nível da ação mental decisiva.

Mencionei anteriormente neste capítulo que todos os problemas resultam de pensamentos e sentimentos não inteligentes em um campo de Inteligência que precisa partir necessariamente do princípio de que o que você pensa e sente é de fato como deseja que sua experiência seja. Não importa qual seja o problema, uma nova sequência de pensamentos é o início da cura. No entanto, novas ideias precisam cativar sua atenção tentadoramente. As antigas ideias têm um poder tremendo sobre sua mente subconsciente. Elas são um território conhecido e não requerem grande esforço mental para permanecer em atividade. É fácil voltar a pensar nelas. Você já convenceu a mente subconsciente de que essas ideias são válidas e autorizou que continuasse a operá-las ininterruptamente.

Esse estado cômodo de consciência é hipnótico e deve ser evitado. É necessário coragem para se desvencilhar da zona de conforto e iniciar a aventura de assumir o controle de sua vida. É aqui que entra o importante papel da decisão: a decisão de permanecer como você é porque se sente à vontade em sua atual limitação, ou a decisão de sentir certo desconforto durante algum tempo mas, pouco a pouco, começar a desfrutar de novos horizontes da vida. A Lei da Mente o deixa livre – livre para permanecer como é e continuar a reproduzir o presente, vivendo em uma falsa esperança de que o amanhã será melhor; e livre também para agarrar as rédeas da mente e de suas emoções emergir do casulo da mesmice e ingressar no mundo novo e vasto do extraordinário.

IDEIAS SÃO FASCINANTES

Suponho que, já que você leu o livro até este ponto, tenha decidido agir como manifestação da Inteligência, removendo os aspectos negativos limitantes e progredindo na vida ao acolher a lei dos próprios pensamentos, rumo aos caminhos que escolher para si mesmo. O metafísico considera ideias mais fascinantes do que coisas, porque ideias produzem coisas. O interesse dele é controlar a causa, e, com isso, controlar o efeito. A prática dessa ciência não envolve ficar sentado o dia inteiro devaneando a respeito do que se deseja, porque essa atitude gera apenas ilusões. Não desejo ensiná-lo a ter ilusões. Meu intuito é explicar como a mente funciona, sempre funcionou e continuará a funcionar. As ideias determinam sua vida. Elas são a causa. Você é um pensador que pode selecionar as ideias que deseja e começar a se aprofundar nelas. Enquanto reflete sobre essas ideias, a mente subconsciente as aceita e produz situações que lhe sejam semelhantes. Ninguém pode pensar por você. Você é o único pensador em sua experiência. A responsabilidade pela escolha de ideias não pode ser evitada. Você pode se justificar dizendo que não consegue abandonar as ideias que no momento enfeitiçam sua experiência; pode argumentar que todos estão pensando na mesma coisa.

Se Jesus tivesse pensado do mesmo jeito que as pessoas de sua época pensavam, jamais teríamos recebido o ensinamento claro e a prova inequívoca, que eles nos ofereceu, do valor das novas ideias. Esse homem não acreditava que a doença fosse necessária. Era um rebelde espiritual, uma individualização corajosa da Vida. Ele pensava no que desejava pensar, e escolhia as ideias que atuariam em sua consciência. Jesus não se conformou com o mundo ao redor. Permaneceu em sua clareza de conhecimento, clareza essa que tornou o mundo melhor.

Suas ideias serão fascinantes se procurar o tipo que o fascina. Se forem monótonas, precisam ser descartadas. É preciso apoiar ideias de menor força em uma ideia central que seja praticável, forte e criativa. Essa ideia fascinante não deve se basear em experiências passadas. Trata-se de uma ideia futura na qual você deve pensar agora. Deve ser uma ideia que o tornará mais feliz, saudável, próspero e amoroso, além de menos frustrado. Essa ideia já está dentro de sua mente, esperando que você a desperte e envolva. Como não se baseia em coisas que aconteceram antes, ela fará com que novos aspectos, revigorantes e estimulantes, se desenvolvam em sua vida. Ela convida suas reflexões a se tornarem mais conscientes ao experimentar algo novo, algo maior do que já lhe aconteceu. A Mente Infinita o convida a se tornar alguém em uma nova experiência. Apenas quando você for essa pessoa, estará consumando sua elevada missão na Mente.

POSSIBILIDADES ILIMITADAS

Ratifico minha fé no indivíduo e em sua capacidade de determinar a própria experiência por meio da decisão correta, seguida de uma ação inteligente, mental e emocional. Quando uma pessoa compreende que ela individualiza a totalidade das possibilidades, torna-se então capaz de ser o que deseja ser e de ter o que deseja possuir. No entanto, enquanto acreditarem que são herdeiras de um corpo e dos problemas dele decorrentes, permanecerão cativas de crenças antigas e ultrapassadas.

O homem não nasceu para sofrer nem pecar. Você nasceu da Inteligência para voar às alturas. Uma Mente perfeita não pode criar a partir de Si Mesma nada a não ser Ela Mesma. Assim como o cosmo é testemunho da Inteligência, o homem também o será quando vivenciar níveis elevados de sua consciência. Esses níveis encontram-se em todas as pessoas e estão instantaneamente disponíveis assim que o indivíduo se concentra neles. Foram implantados no homem desde o início dos tempos. São intocados pela experiência humana. Aguardam o reconhecimento do ser de que ele é herdeiro da Mente que atua na esfera incondicionada do tempo e do espaço.

Você não é um observador do universo; é um participante vital dele. Não permita que alguém lhe diga que você é insignificante. Deus não falhou quando você nasceu. A Inteligência o criou para viver nesta época porque está munido para enfrentar os desafios atuais. Você é a pessoa certa, no lugar certo, para criar um mundo certo para si mesma. Todos os recursos do Infinito já são seus e necessitam de você como instrumento de autoexpressão.

Você é resultado de suas decisões passadas. E se tornará e vivenciará o resultado das decisões atuais. Junte-se a mim e opte pela grandeza.

CAPÍTULO 2

Indecisão

O sucesso e o fracasso são resultados da utilização da mente. Toda mente motivada ao sucesso é uma mente decidida. Toda mente motivada ao fracasso é uma mente indecisa. Somente o sonhador que agiu com decisão, motivado pelo seu sonho, produziu algo novo e valioso. A quantidade de trabalho mental árduo necessária para o fracasso é igual à necessária para o sucesso. Na realidade, o fracasso é um sucesso negativo — é resultado de padrões negativos sistemáticos na mente subconsciente. A preocupação sempre gera indecisão.

Suas únicas ferramentas na vida são a mente e as emoções. As pessoas mais bem-sucedidas em todas as esferas de atividade usam a mesma mente e as mesmas emoções que você usa agora. Quem é genial não tem uma mente maior que a sua. No entanto, consciente ou subconscientemente, ele sabe como utilizá-la para obter os resultados que deseja. O mesmo é verdade em relação à maneira como usa as emoções. Ele sabe o que quer e parte do princípio de que consegue fazê-lo. Essa suposição é a decisão dele.

Você pensa e sente. O modo como pensa e se sente determina seu lugar na vida. Como você é o único pensador em sua mente, você pode decidir como vai pensar e o que vai sentir. Simples assim. Sua decisão, certa ou errada, orienta a mente subconsciente, e você se vê então a caminho do resultado final. A vida responde à sua decisão correspondendo a seus pensamentos e sentimentos. Todas as ideias de que você precisa se revelam na ordem e sequência corretas tão logo chegue a uma decisão.

Cada evento significativo teve lugar em sua vida devido a uma decisão tomada por você ou outra pessoa. Recapitule algumas dessas ocasiões importantes em sua experiência, e perceberá a verdade de minha afirmação. Nenhum evento importante acontece por acaso. Ele é motivado por pensamentos decisivos de uma ou mais pessoas. A decisão avisa à energia subconsciente de que uma ideia sólida e confiável está sendo aceita pela mente consciente. Quando ocorre essa aceitação, a lei da consciência se ativa e nasce um novo evento ou situação.

VONTADE DE FRACASSAR

Na realidade, a indecisão equivale à decisão de fracassar. Muitas pessoas se mantêm indecisas a vida inteira. Do berço ao túmulo, incomodam parentes, amigos e parceiros profissionais pedindo constantemente: "Diga-me o que devo fazer". O padrão de indecisão subconsciente dessas pessoas é forte e claro. Elas parecem impotentes para rompê-lo. Embora possam fazê-lo, não parecem ter consciência desse poder. Além disso, não compreendem como os padrões de indecisão podem ser desastrosos. Comumente, esse padrão se consolida no subconsciente nos seis primeiros anos de vida. A influência familiar, ou situação equivalente, não permite à criança tomar as próprias decisões. Esse excesso de proteção faz com que ela adquira o hábito permanente de depender de outras pessoas para resolver seus problemas.

PARE DE PEDIR CONSELHOS

Quem busca conselhos inveteradamente merece comiseração. A incapacidade de aceitar a responsabilidade de administrar a própria mente pode muito bem se configurar o maior pecado da vida. Mas trata-se de um padrão que pode ser interrompido. Conheci muitas pessoas que conseguiram esse feito. Não foi fácil, mas, com orientação criteriosa, viram-se sob uma nova luz. Aceitaram o primeiro princípio da individualidade, que é a autodeterminação.

A liberdade de ação mental é seu direito nato, embora permaneça como potencial latente se você for uma pessoa indecisa. Ela pode ser ativada a qualquer momento. Você nasceu para ser você. Sua consciência está plenamente equipada para a autoexpressão, mas antes é preciso compreender que você pode ser você. Caso contrário, você será uma miscelânea de decisões alheias; alguém de segunda categoria que recebe da vida apenas uma pequena parcela do que é possível receber. Ao se apoiar na consciência dos outros, você não está sendo o que pode ser. Fazer três refeições por dia em um restaurante jamais fará de você um bom cozinheiro. Isso só vai acontecer no dia em que entrar na cozinha e usar o equipamento lá existente para preparar um prato com suas mãos. Os primeiros resultados poderão não ser lá muito inspiradores, mas pelo menos será você quem estará cozinhando.

A inteligência habita sua consciência, aguardando-o invocá-la. Você pode dizer que não sabe o que fazer, mas no fundo de sua mente reside a decisão objetiva que deve ser tomada. Não há dúvida de que ela esteja lá. E pode ser encontrada de imediato, assim que sua mente se voltar para ela. "Buscai e encontrareis" (Mateus, 7:7).

A RESPOSTA ESTÁ DENTRO DE VOCÊ

O universo de decisões alheias não é seu universo, por mais sábias e bondosas que as pessoas possam ser. Por mais que o amem e se importem com você. Elas estão apenas mantendo o padrão de indecisão da infância – o de se apoiar na mente dos outros em vez de na própria. Deus criou sua mente para alimentar *seus* pensamentos, não os de outra pessoa.

Por que essa insistência em que você tome as próprias decisões? Porque o sucesso chega quando você usa os próprios recursos. Toda pessoa bem-sucedida é um sucesso porque fez uso das ideias que surgiram dentro de sua mente. Ideias originais não vêm de outra pessoa; elas têm lugar dentro de *sua* mente. Os outros podem lhe transmitir ideias excelentes, mas originalidade envolve autodescoberta. O que você precisa já está na sua consciência, tendo sido implantado ali desde o início. Somos espiritualmente equipados para ser pensadores originais. Assuma que você o é, e ideias interessantes lhe ocorrerão. Provavelmente não se encaixarão em seus padrões habituais de pensamento, e é possível que o deixem pouco à vontade, mas não as rejeite. Elas o atraem neste momento para áreas de novos sucessos; convidam-no a ser um explorador de novas minas de ouro. Essa é a ocasião em que, ao vislumbrar a maturidade do autoconhecimento, você abandonará a imaturidade de buscar ajuda alheia.

O UNIVERSO É DECIDIDO

A Mente primordial do cosmo sabe o que está fazendo e executa tudo muito bem Seu trabalho. Ela encerra uma precisão matemática quando o assunto é lei e ordem. Não contra-argumenta e nunca fica indecisa. Também não questiona nem se apoia em ninguém. Ela apenas dá continuidade à atividade de criar o novo, o melhor e o diferente, pois não pode ficar estagnada, tampouco ser derrotada.

Tudo é ordem no universo. Você pode chamar um furacão de desordem, mas os meteorologistas o concebem como algo ordenado. Estão conscientes de seu início, progresso e fim. Mapeiam-no com competência e precisão. Para eles, trata-se de um fenômeno ordenado com causa, processo e conclusão.

Você existe nessa Mente universal primordial, sendo parte Dela. Toda Sua lei e ordem estão instantaneamente disponíveis para você. Na realidade, essa Mente já está na sua consciência, aguardando conscientização. Você nunca se separa Dela. Pode até, de modo inconsciente, isolar-se, mas o contrário jamais ocorrerá. A Mente *é*, e você *é* aquilo que Ela *é*. Existe apenas uma única Mente, e você é um pensador integrante Dela. Todas as ideias da Mente são suas também. A ação de ininterrupta criação e sustentação do que Ela criou funciona neste momento em sua mente. O tratamento espiritual a seguir o ajudará a se conscientizar Dela e, assim, receber Seus benefícios.

> Existe uma única Inteligência, Mente e um único Espírito primordiais, e eu sou Sua ação, escoadouro e processo de autorrevelação. Eles me reconhecem como sendo Eles Mesmos, e eu me reconheço como sendo Eles. Por isso, jamais fico indeciso. Tenho sempre a ideia certa no momento certo. A Inteligência Infinita em mim sabe o que fazer, e esse conhecimento é meu a cada instante. O pensamento primordial permeia minha consciência, e decido corretamente todos os assuntos. Sei o que preciso saber no instante em que necessito sabê-lo. Os resultados desse conhecimento adequado de ideias originais produzem situações novas e aprimoradas em minha vida, e por esse motivo sou feliz.

HAJA

A Bíblia começa com a descrição alegórica de muitas decisões da Mente Primordial. Sugiro que você releia o primeiro capítulo do Gênesis. Ele não contém uma única frase de hesitação. É objetivo e direto. O autor narra, por meio de uma antiga forma poética, o conceito de criação da Mente Infinita a partir de Si Mesma. Ela faz isso reunindo a princípio ideias claras e pontuais do que deseja formatar. Em seguida, manifesta esse desejo em forma declarando: "Haja", e a forma aparece. Essa Mente Criativa é completa em Si Mesma. Não existe ninguém para quem Ela possa se voltar a fim de pedir conselhos. Ela sabe dentro de Si Mesma o que quer e entra em ação para produzi-lo. Não desperdiça tempo nem energia. Decide e age movida por Suas decisões.

Esse processo cósmico primordial não é um processo antigo usado apenas uma única vez. É o modo correto de pensar, tanto universal quanto individualmente. O que Deus faz em escala grandiosa do cosmo você pode fazer no plano particular. Na realidade, o único processo de sucesso é esse. Poucas pessoas bem-sucedidas compreendem que utilizam um método espiritual para alcançar as próprias metas, mas é o que estão fazendo. Elas protestariam se você lhes dissesse isso, mas a verdade permanece inalterável: há um único processo de sucesso. Tenha consciência do que quer, decida que aquilo vai acontecer e aja movido por essa decisão. A mente consciente toma a decisão e a mente subconsciente age em função dela.

ENTREGUE-SE AO SUBCONSCIENTE

O processo criativo desde épocas remotas encontra-se em sua mente subconsciente, o mesmo processo que toda pessoa bem-sucedida utilizou. Ele não pode se recusar a atendê-lo, pois não possui favoritos nem conhece limitações. Ele apenas aguarda que lhe peça para agir. Ao receber seu pedido, ele se põe a atendê-lo sem estresse nem tensão. O mecanismo mental da mente subconsciente entra em ação de maneira ordenada e se vale de recursos bem mais poderosos do que a mente consciente poderia conhecer. É compreensível que os metafísicos modernos chamem de *Deus* essa função da mente, uma vez que sentem a magnitude de sua capacidade e se utilizem desse tremendo potencial criativo para produzir o que desejam na vida.

Mas tudo isso já está em você. E pessoas notáveis utilizam esse processo. As que não são notáveis não o utilizam, de modo que continuam a não ser notáveis. Tome uma decisão com relação a alguma coisa, situação ou condição que você deseja neste momento da vida atual. A decisão deve ser precisa. Não a limite investigando os prováveis motivos pelos quais o que você deseja jamais acontecerá. Esse é o desvio para o nada. Todas as falsas especulações de derrota precisam ser excluídas de sua consciência. Se adentrarem o âmbito da decisão, mesmo que por um efêmero momento, ela será privada de autoridade, e a mente subconsciente não poderá agir em função dela. Não é preciso conhecer o resultado final desse desejo; essa é a função do subconsciente. Ele sim tem recursos que, se fossem conhecidos, confundiriam o intelecto. Diga ao subconsciente:

> Esta é minha decisão. Autorizo-o agora a concretizá-la. Tenho total confiança em sua capacidade e recursos. Autorizo-o a fazer isso sem reservas. Não insiro minha determinação em uma estrutura de tempo ou condição. Trata-se de uma requisição livre agora estabelecida na mente subconsciente. Essa mente sabe com clareza o que desejo.

Em seguida, relaxe e dê rédeas largas ao subconsciente. Evite toda e qualquer preocupação. Deus, em seu subconsciente, é o poder e a mente que realizarão seu desejo. Deixe que Deus seja Deus, e mantenha-se afastado do processo.

O subconsciente revelará à mente consciente o rumo que ela deve tomar e como proceder. As ideias se sucederão em perfeita ordem e sequência. Você se torna o observador do processo criativo que agora tem lugar dentro de você. A partir do ponto de observação da mente consciente, você vê acontecer o que queria que acontecesse. Sem estar submetido a qualquer tipo de tensão. Você é ao mesmo tempo observador e participante.

ADULTO OU CRIANÇA?

Para se tornar um adulto eficiente, você precisa tomar decisões. Se não pretende tomar decisões e deseja continuar hesitando ao longo da vida, o melhor a fazer é aceitar que você é infantil. Enfrente esse fato e o admita. Sua altura ou a data na certidão de nascimento não têm nada a ver com sua mente e suas emoções.

Paulo escreveu: "Quando eu era menino, falava como menino, entendia as coisas como menino e pensava como menino; mas, quando me tornei homem, eliminei as coisas infantis" (1 Coríntios, 13:11). Ele havia se aceitado como adulto. As decisões dele foram numerosas e uma das principais fontes para a disseminação das ideias de Jesus.

Se tiver dificuldade em se decidir porque tem medo de cometer erros, você ainda é uma criança imatura. As crianças têm medo de errar devido à intensa necessidade emocional de agradar os pais. O adulto que é indeciso é alguém que ainda receia, no subconsciente, que seus atos desagradem algum símbolo mental do passado. Com excessiva frequência, o passado ainda governa o presente. Em geral, esse fato está de tal maneira camuflado no subconsciente que a pessoa fica completamente alheia a ele.

Com frequência me pergunto: "As decisões que tomarei hoje serão baseadas em minhas experiências atuais, guiadas pela sabedoria do passado, ou serão determinadas apenas por padrões de memória do passado?" Se essa última opção for a resposta, obterei conclusões erradas. Você precisa ser uma *pessoa atual* em uma *experiência atual* para ter a plenitude da vida no aqui e agora. O adulto maduro comumente é capaz de fazer isso. O imaturo continua no vale de perguntas, dúvidas e preocupações. O dia dele carece de brilho, as horas não encerram nenhum fascínio, e ele se esgota em seu suposto bom procedimento. Seus problemas lhe absorvem a atenção, a importância emocional deles se expande, e ele se sente imensamente infeliz em casa, no trabalho e nos relacionamentos sociais. Desse modo, torna-se alguém que vive à procura de conselhos, esperando que terceiros esclareçam sua confusão.

Essa pessoa precisa tomar com urgência uma decisão própria – nem que seja errada, pois todos tomamos decisões equivocadas. A mente madura aceita o resultado do erro e minimiza qualquer indício de autocensura. Prossegue em seu rumo e toma mais decisões, a maioria delas correta. No entanto, quando o adulto que inconscientemente volta à infância em busca da aprovação dos pais toma uma decisão errada, ele aumenta o fardo de culpa e remorso, aceitando-se como um provável fracassado. Não tem confiança nas próprias habilidades, e é alguém extremamente infeliz.

Examine seu fardo de culpa e comece a removê-lo de maneira racional. Ninguém jamais cometeu um engano de propósito. Os erros não são conscientemente planejados. Podem ser planejados no subconsciente, mas até mesmo estes podem ser isentados de relevância emocional. Quanto menor for o fardo da culpa, maior a saúde mental. Você pode estar se perguntando se a culpa pode ser conscientemente reconhecida. A resposta é não. Mas não é preciso conhecer toda a culpa que você carrega. Pode levar anos de análise psicológica para se conscientizar dela, e ainda de apenas 90%. Você só precisa conhecer a culpa que o impede de ser uma pessoa completa. Quando estiver atento a esse fato, sua intuição pouco a pouco lhe mostrará as áreas que necessitam de certa racionalização.

Você não está sendo julgado por nenhuma instância de poder. O universo é indiferente a seus erros. Você é seu único juiz, e as faculdades de sua mente são o único júri ao qual prestar contas. O fato de reconhecer que não errou com intenção ou propósito deliberado de fazê-lo quase sempre elimina a culpa. Cada culpa reconhecida, racionalizada e emocionalmente destituída de poder o ajudará a tomar decisões corretas. O tratamento espiritual a seguir o auxiliará a se libertar da culpa.

> Existe uma única Mente, uma única Vida, um único Espírito, e eu os individualizo. Eles estão sempre pensando em mim como sendo Eles Mesmos. Jamais julgam ou condenam. A benevolência da vida é a benevolência de Deus. Destituo agora de qualquer poder emocional toda e qualquer culpa que possa estar presente em minha mente subconsciente. Liberto-me agora da autorreprovação e da autocondenação. Eu me conheço como Deus me conhece. Estou livre de todos os erros do passado. Estou livre para seguir adiante na vida. A partir deste momento, tomarei decisões corretas. Deus honra minhas ideias e age em função delas. Prospero em tudo o que me diz respeito. Sou livre.

O UNIVERSO É UM SUCESSO

O universo é um sucesso. Jamais foi derrotado e jamais o será. Uma pessoa espirituosa comentou certa vez que o único erro que Deus já cometeu foi inventar o homem. Você e eu sabemos que não é verdade, mas muitas vezes refleti a esse respeito. O universo que os cientistas estudam é um sucesso. A ordem cósmica é uma exibição magnífica de Inteligência infinita em pleno raciocínio matemático. Incondicionado pelo tempo ou pelo espaço, o cosmo dá continuidade a ações bem-sucedidas. O homem pode destruir a si mesmo, mas o cosmo permanece intocado por tal destruição. Um violento incêndio florestal na encosta de uma montanha pode destruir mil árvores. Cinco anos depois, você encontrará pequenas árvores, geradas pela autogerminação, crescendo naquele local árido. Dez anos depois, uma nova floresta estará a caminho. O processo criativo jamais será derrotado. No final, ele sempre sai vitorioso.

No entanto, é fácil derrotar a si mesmo. A indecisão tem muito a ver com esse processo. O homem que Deus criou foi destinado a ter êxito. Ele está mental e emocionalmente munido para fazê-lo. É muito fácil culpar os seis primeiros anos de vida por todos os nossos problemas, porém, uma decisão certa relacionada ao presente e ao futuro pode ser a única coisa necessária para transformar alguém propenso ao fracasso em uma pessoa ousada e bem-sucedida.

Às vezes, observo um grupo de pessoas sentadas em um restaurante lendo o cardápio. Elas parecem se distrair bastante decidindo o que vão pedir como prato principal. Uma delas se volta para a outra e pergunta: "O que você vai escolher?" O amigo responde que vai comer rosbife. De imediato, quem fez a pergunta fecha o cardápio e diz: "Vou pedir o rosbife também", evitando assim ter de tomar a própria decisão. Esse exemplo pode parecer trivial, mas não é. Ele revela como é fácil adquirir o hábito de deixar os outros decidirem por nós. A pessoa no restaurante, sem se dar conta, diminuiu sua individualidade.

Uma mulher na casa dos quarenta me procurou há vários anos em busca de orientação psicológica. Seu problema era a indecisão. Ela era incapaz de entrar em uma loja e escolher as próprias roupas. Havia tentado fazer isso durante mais de 25 anos, mas, como me contou: "Só faço a vendedora perder tempo". Era seu marido quem lhe comprava todas as roupas. Soube de imediato qual era o problema. Eu lhe respondi: "Desde que era pequena, nunca a deixaram escolher suas roupas. Você tinha uma mãe dominadora que não a deixava decidir nada". O rosto dela se iluminou. "Como sabe disso?", foi a pergunta. Prossegui: "Você transformou seu marido na sua mãe". Ela não gostou dessa parte, mas entendeu o que eu queria dizer. Após várias sessões de aconselhamento, ela conseguiu romper esse padrão e hoje é capaz de fazer as próprias compras. Não foi fácil efetuar o ajuste em sua mente consciente, mas enfim ela triunfou.

INDIVIDUALIDADE REQUER RESPONSABILIDADE

Individualidade requer decisão. Individualidade significa que você precisa ser você. Por mais que as pessoas o amem, elas não podem ser você. O Espírito se individualiza em cada pessoa. A incapacidade de tomar decisões indica que você não se aceitou como indivíduo independente. Muitas pessoas nunca chegam a essa autoaceitação, apoiando-se nos outros a vida inteira. São essas pessoas que fracassam cronicamente. Elas não aceitam a responsabilidade de existir. Esquivam-se da razão da própria existência, que é ser o que são, e não um acúmulo de opiniões alheias.

A principal diferença entre a humanidade e o reino animal é o livre-arbítrio, ou volição. O homem é capaz de pensar, escolher e decidir. Ele é apenas parcialmente dirigido pelo instinto. O padrão de indecisão é a nulidade inconsciente da individualidade. Significa entregar a mente a outras pessoas quando o propósito dela é que você governe a si mesmo. Trata-se de sua mente; da dádiva de Deus em você. Ela contém o potencial de uma vida plena e de uma experiência em expansão. Nela residem sua condição única, a individualidade, a capacidade de ser você – algo que só você pode ter.

Quem fracassa de maneira crônica não percebe o que está fazendo consigo mesmo. Desconhece ser a causa de tudo, tendo construído um mecanismo subconsciente de justificativa para dar desculpas a si próprio. Trata-se do homem que acredita nunca ter tido uma oportunidade na vida. A empresa onde trabalha não o valoriza e promove outro funcionário para funções melhores, enquanto ele permanece naquele trabalho rotineiro ano após ano. Ou pode se tratar de alguém que não consegue permanecer no emprego. Sua razões são igualmente extrínsecas a suas decisões. Apenas a custo de repetidas tentativas de desculpa essas pessoas vivenciam certa paz de espírito. Suas dificuldades são sempre externas; acreditam que coisas, situações e eventos acontecem com elas.

No entanto, situações, eventos e coisas não acontecem simplesmente a ninguém. São causados por quem os vivencia. "Porque, como ele pensa no coração, assim ele é" (Provérbios, 23:7). A psicologia moderna demonstrou a veracidade dessa declaração da Bíblia. Você se projeta na tela da vida. Você é a causa de sua experiência. Situações, eventos e coisas procedem de sua consciência para aparecer na tela da vida. Esta é tão impessoal quanto a tela do cinema. Em determinada semana, uma tragédia pode aparecer na tela e, na semana seguinte, uma comédia pode ser exibida. A tela desconhece o que exibe para a audiência; só sabe como mostrá-lo. A cena de um filme na qual um homem leva um tiro não faz nenhum furo na tela. Ela permanece como sempre foi.

Na sua vida, você é o projetor de sua consciência na tela da experiência. Uma criança pode bater a cabeça contra a porta ou chutá-la, parecendo colocar a culpa na porta. O adulto não faz isso. Ele sabe que a culpa não é da porta. Algo em seus pensamentos fez com que batesse a cabeça contra a porta. A pessoa propensa ao fracasso precisa aceitar as responsabilidades da vida, parar de colocar a culpa no mundo e buscar dentro de si mesma a causa negativa da situação. Para "Por que isso aconteceu comigo?" em geral não há resposta. Mas "Por que provoquei esse acontecimento?" comumente conduz a um entendimento da causa do problema. Todo místico, mártir ou santo disse aos seguidores que o interior do homem é a explicação do exterior do homem. Esses espíritos sábios tinham descoberto uma verdade e tentavam explicá-la. Sabiam com certeza intuitiva que aquela era a verdade. O interior da pessoa é a explicação de seu exterior. Todas as vertentes espirituais visam colocar em ordem o interior do homem e lhe dar uma orientação correta. As ideias certas surgem em nossa consciência. Quando tomamos decisões baseados nelas e agimos em sua função, elas produzem resultados corretos. Ideias certas na consciência, quando desconsideradas, tornam-se inadequadas e produzem decisões incorretas com resultados desagradáveis.

O homem voltado para seu exterior sente os efeitos e geralmente acredita neles. Visão, audição, olfato, paladar e tato confirmam suas conclusões equivocadas. Ele se explica a si por intermédio dos fatos materiais que observa. Metafísicos e psicólogos fazem o que grandes pensadores espirituais fizeram. Eles têm consciência de que o mundo interior da mente é a verdadeira causa, e o mundo exterior, dos acontecimentos, é um mundo de efeito. Os fatos externos traem ideias, disposições de ânimo, sentimentos e motivações. Paulo escreveu: "Não vos conformeis a este mundo" (Romanos, 12:2). Jesus disse: "Vós sois deste mundo; eu não sou deste mundo" (João, 8:23). Essas são apenas duas das inúmeras afirmações desse tipo feitas por grandes pensadores.

Isso não significa que você deva se retirar do mundo dos fatos. Com certeza, não significa que deva negar a existência dele. O mundo exterior é maravilhoso quando não nos deixamos nos enganar por ele. Quando você realmente sabe que seu mundo interior é a causa do mundo exterior, e que tem pleno controle sobre sua consciência, ganha uma verdadeira liberdade, tanto de pensamento quanto de ação. Você pensa o que quer e deseja o que pensa. E o mundo obedece aos pensadores originais, que nunca se conformam a ele. O mundo material se reorganiza para se acomodar ao que um Pensador deseja, e o faz enquanto o Pensador reflete e decide. Não há demora. A lei subconsciente da mente não conhece procrastinação. Age de imediato sobre todas as decisões da mente consciente.

Há tanta grandeza a ser conhecida, cogitada e vivenciada, que fico assombrado com o fato de todos não a estarem buscando e experimentando o grande bem que automaticamente acompanha essa sólida contemplação. O salmista escreveu: "Este é o dia que o Senhor criou; nele nos regozijaremos e nos alegraremos" (Salmos, 118:24). A experiência de uma vida abundante pertence àqueles que são capazes de se expandir em direção a grandes ideias, contemplá-las como sendo algo grandioso e decidir que assim serão. Pessoas assim não podem ser derrotadas. Não existe nenhuma causa interior capaz de provocar a derrota externa. Sem dúvida, essas pessoas usam os fatos que os cinco sentidos lhes revelam, mas enxergam um panorama maior do que o relatado pelos sentidos. Atuam em uma esfera mais vasta de ação mental, uma esfera que é vista para além da visão. O conhecimento dessas pessoas extrapola os fatos. Suas expectativas vão além das limitações habituais. Esses homens e mulheres são uma alegria para Deus e uma grande bênção para os semelhantes, ao manter viva a luz da Verdade e permitir que Ela brilhe ao longo de um campo em eterna expansão de realizações criativas.

LUZ DA MENTE

"Essa era a verdadeira Luz, que ilumina todo homem que vem ao mundo" (João, 1:9). Tal declaração implica que você também tem essa Luz. Você pode buscar a grandeza que mencionei procurando dentro da mente as ideias gerais nela colocadas pela Mente Infinita. Elas já são suas. Não é preciso suplicar a uma divindade para obtê-las. Não é preciso jejuar para conhecê-las. Nenhuma igreja pode lhe dar essas ideias. Elas são universais, impessoais e encontram-se instantaneamente disponíveis. Na verdade, são a Luz da sua vida, a resposta para todas as suas necessidades e possuem a capacidade de satisfazer todos os seus bons desejos. Ideias, e não fatos, são a esperança do mundo e já residem em sua mente atual.

O caminho que se afasta dos problemas é um caminho que penetra na mente. Não se trata de um caminho de fatos, e sim de ideias. Toda ideia necessária está disponível de imediato no momento em que se precisa dela. O Infinito jamais abandonou alguém. A oferta sempre precedeu a demanda. A revelação de novas ideias é um constante processo mental no qual a mente está eternamente imersa. Essas ideias são propriedade sua pelo simples direito de ser você. Essa é a "herança incorruptível" mencionada na Bíblia (1 Pedro, 1:4). Ela não é meramente a propriedade do bem. Habita, igualmente, o santo e o pecador, mas os santos são sábios o bastante para senti-la e se valer dela. Você pode ingressar nas fileiras de sábios se contemplar a si mesmo como causa. Tal contemplação fará com que a próxima ideia correta apareça em sua consciência. Uma decisão baseada nessa ideia correta garantirá sua execução no mundo material por intermédio da lei da mente subconsciente.

Viveríamos hoje uma grandiosa utopia se todas as grandes ideias que surgiram na mente dos homens tivessem sido seguidas pela decisão e ação corretas. Mas muitas delas foram contempladas e depois descartadas. Em geral, o pensador as rejeita por razões que para ele parecem plausíveis. Nenhuma grande descoberta na história se baseou em motivos plausíveis. Os automóveis eram implausíveis em 1900. Os rádios eram implausíveis em 1910. Os aviões transatlânticos eram implausíveis em 1920. No entanto, os pensadores deixaram que essas ideias surgissem na consciência, procedentes do manancial da Inteligência Infinita. Todos devemos lhes ser gratos por terem decidido experimentar as ideias que tiveram. Cada mente científica tornou plausível o implausível.

VOCÊ É A CAUSA

Você é a causa porque é capaz de pensar. O único processo criativo que já existiu, que existe agora e que sempre existirá é o pensamento. Você pode deixar que novas ideias surjam à consciência com a mesma facilidade que pode executar qualquer uma das tarefas rotineiras do seu dia. Novas ideias ocorrem a pessoas que querem que elas tenham lugar em sua consciência. Não surgem para quem está satisfeito consigo mesmo, do jeito que é. E também não ocorrem na mente daqueles que cultuam o passado. A Inteligência Infinita procura se tornar disponível de maneira original em cada homem, mulher e criança. Não possui favoritos nem busca favores. Seu único requisito é que a pessoa esteja interessada em novas ideias e disposta a agir motivada por elas através de decisões corretas.

Você pode ser essa pessoa. Enquanto lê esta página, uma nova ideia pode despontar em sua consciência.

A Mente Infinita só pode lhe dar uma ideia. Ela não tem nada para lhe transmitir além da preciosa consciência Dela. Se precisar de coisas, ela lhe dará ideias que farão essas coisas se manifestarem para você. O Infinito é o Pensador que permite ao homem ser o Produtor. Esse homem é você. Você é o instrumento pelo qual o Infinito age sobre o plano particular. O processo criativo busca escoar por você, através de você e como você. Você só conseguirá ser o que foi destinado a ser quando acolher favoravelmente esse Processo e se abrir para as ilimitadas possibilidades que Ele lhe oferece. Você foi criado para pensar, sentir, decidir e agir em função de decisões.

IDEIAS ORIGINAIS

Ideias originais resultam de uma concepção imaculada. Elas não têm fonte material. Não surgem de experiências passadas. Nascem na Mente Infinita e renascem na consciência sem a ajuda de nenhuma outra pessoa. Simplesmente aparecem quando você, consciente ou subconscientemente, preparou a consciência de modo que pudessem surgir. Tais ideias são totalmente puras. Ainda não foram adulteradas pela dúvida ou especulação material a respeito do como, por que ou quando. Quem é capaz de reconhecer a pureza delas e observar os próprios pensamentos para manter essa pureza pode então chegar a aceitá-las, tomar uma decisão a respeito e vivenciar a extensão dessas ideias no mundo da forma.

Jamais saberei quantas ideias originais que entraram em minha mente foram adulteradas por minhas dúvidas. O modo de pensar do mundo nos ensinou a desconfiar de novas ideias. Ele nos alerta de que o melhor a fazer é esperar para ver. Grandes experiências se perderam porque prestamos atenção à opinião das massas. No entanto, essa opinião jamais provocou o progresso. Este último acontece quando surgem líderes com novas ideias, homens e mulheres que não se deixam intimidar por crenças e situações materiais. Eles conservam a pureza da nova ideia e dão continuidade às decisões a respeito dela. Têm consciência de que o que sabem está certo, de modo que a mente subconsciente é capaz de projetar novas ideias na experiência deles. Todo benefício ao homem tem de surgir por intermédio desse processo da mente consciente, imperturbável por raciocínios materiais, que segue adiante para expressar uma ideia surgida dentro de si.

As ideias existem continuamente, sem limitações de tempo e espaço. Não contêm nada que restrinja sua plena expressão. Chegam à mente, esta sim condicionada pelo tempo e espaço. Nela, as ideias são colocadas em uma estrutura de passado, presente e futuro. É então que começa a adulteração mental. A ideia é uma concepção *atual*. Mantida na mente dessa maneira, seus potenciais podem ser usados, explorados e desfrutados. Contudo, com excessiva frequência, eles são pesados em balanças de passado e futuro, e a essência se perde.

Você consegue pensar em si mesmo como um *continuum* que não tem limite de espaço nem de tempo? Se for capaz disso, tem uma consciência muito expandida. Você é uma raridade. As pessoas comuns estão absorvidas em uma consciência de tempo e espaço. A preocupação com a idade é uma prova disso. Elas são jovens ou velhas demais. Abominam o termo *meia-idade*. Fazem o possível para resistir ao processo de envelhecimento. As diversas igrejas lhes disseram que a vida continua após a morte, mas não acreditam nisso, nem mesmo na manhã do Domingo de Páscoa. A ideia da morte as assusta.

Você é uma individualização da vida não limitada por tempo e espaço. Funciona em uma esfera espaçotemporal e em geral é enganado por ela. Sem se dar conta de sua infinitude e eternidade, toma ideias originais e as insere dentro de limites. Espera que sejam de tal maneira, em vez de *saber* que são de tal maneira. Cada ideia em sua consciência encerra possibilidades ainda inexploradas. Antigas ideias examinadas de certo ângulo revelam novas possibilidades. Mil clérigos podem usar o mesmo texto da Bíblia em uma manhã de domingo; talvez com 150 diferentes denominações, provenientes de credos diferentes, mas o mesmo texto foi usado para dar base ao sermão. Em meio a esse vasto espectro de variedades de crenças, os clérigos encontraram uma ideia original para comentar – eis uma ideia, aliás, uma antiga ideia, que ainda fornece uma prova de originalidade ao funcionar em diferentes mentes.

Pessoas se desgastam, mas ideias não. Elas são eternas e encerram possibilidades infinitas. Você é que lhes confere limitações subconscientes de tempo e espaço. Quanto mais conseguir se imaginar como criação espiritual, uma projeção intencional da Mente Infinita, menos limites atribuirá às suas ideias e mais as deixará livres para produzirem novas experiências.

Por mais que eu tentasse, não conseguiria enfatizar em demasia a necessidade de você se reconceber como processo contínuo de vida por toda a eternidade. Você, como individualidade, não surgiu de repente em determinado dia para se transformar em nada no outro. Você era, é e sempre será você. Liberte-se da ilusão da mente humana construída com certidões de nascimento e atestados de óbito, e siga em frente, livre das horrendas conclusões que esses "certificados" lhe evocaram na consciência. Não vai demorar para que ideias imaculadas sejam bem recebidas conscientemente, pois elas compreendem que você as aceitará e terá uma expansão de vida mais plena por intermédio delas. Tais ideias são alimento para a mente e substância para as emoções.

A Mente de Deus é um poço que nunca seca. Todas as Suas ideias estão disponíveis de imediato para você. Uma ideia segue a outra como o dia segue a noite. As ideias o procuram. Precisam de você para se expressar. Pense na mente como o lugar de origem das intenções de Deus. Pense no esplendor, na magnificência e na grandeza dela. A mente é um centro de atividade divina. Esqueça as especulações sobre neurose, complexo de inferioridade e padrões negativos. Observe a própria mente levando em conta a faceta mais elevada da vida. Conheça sua mente como o Infinito a conhece. Ela é um local de nascimento, não de morte. Você é o fator de decisão na consciência e, portanto, em todo o seu mundo de experiência. Conheça a si mesmo como Deus o conhece. Deus o ama porque Deus ama a Si Mesmo.

CAPÍTULO 3

Decisão

A decisão é a função mais importante da mente individual. Nenhum processo criativo pode ter início enquanto não se tomar uma decisão. Não poderia escrever este capítulo sem ter tomado a decisão de fazê-lo. Eu o redijo em um dia quente de verão no qual a natureza me convida a fazer diversas coisas agradáveis. Eu me vi fortemente tentado a abandonar a máquina de escrever e relaxar ao lado de amigos, mas decidi que deveria escrever este capítulo e vou escrevê-lo agora.

Tendo tomado essa decisão, todas as ideias certas afluirão para minha consciência. Cada ideia se revelará no instante em que necessitar dela. O ato de escrever está em andamento, mas não poderia estar se não houvesse me decidido a executá-lo. O processo criativo aguarda sua decisão e serena aceitação do trabalho necessário que terá de fazer após a decisão. As ideias se concatenam enquanto você dá continuidade ao trabalho de forjar aquilo que decidiu que agora existiria.

Você é capaz de consumar qualquer coisa que realmente deseje realizar. O Infinito é seu para que o explore, e o Infinito nunca é sem graça, insípido ou corriqueiro. Dizer que não sabe o que fazer, ou que não sabe o que quer, significa negar a Inteligência Infinita individualizada em você. O que está realmente dizendo é que é preguiçoso demais para determinar a própria experiência, ou que acha que outra pessoa está mais bem equipada para determinar o que é bom para você.

Ninguém na terra tem melhores ferramentas para determinar o que é bom para si do que você mesmo. O universo não possui favoritos, e ninguém é especial para Deus. Outras pessoas podem ter mais conhecimento factual e experiência que você, mas isso só se dá devido às decisões delas. Consciente ou subconscientemente, essas pessoas decidiram conceber novas ideias, interpretar novas fontes de ideias e executar planos definidos com base nas novas ideias que assimilaram. Elas sabem mais porque decidiram saber mais. E você pode fazer o mesmo.

Explore as ideias como os marinheiros do passado exploravam os sete mares. Eles eram motivados por um fascínio interior pelo desconhecido, mas que poderia vir a ser conhecido. Corriam grandes riscos físicos e passavam por grandes privações. Você não precisará enfrentar nada disso, é claro. Sua decisão de explorar novas esferas da mente não o afastará do conforto e bem-estar de cada dia, a não ser que você permita que estes o mimem o suficiente para levá-lo apenas a existir, em vez efetivamente ser. Você foi criado para ser. E, para ser, é preciso emergir do casulo do comodismo e ousar se aventurar pela consciência através de mares mentais inexplorados.

Enquanto você lê este livro, há pessoas por toda parte que já decidiram expandir sua vida. Decidiram ser saudáveis, e não doentes. Decidiram prosperar em vez de prosseguir na limitação financeira. Decidiram dar e receber amor. Decidiram ser elas mesmas. Em decorrência, ideias corretas se revelam na mente delas para consumar as decisões que tomaram. Essas pessoas estão dispostas a passar por um desconforto temporário a fim de alcançar a expansão da consciência e atingir novas metas.

Elas fazem a própria contribuição ao mundo. Não esperam que outros criem o que é novo, vital e voltado para o futuro. Elas mesmas o criam. E estão dispostas a mudar a própria consciência. Consciente ou inconscientemente, compreendem que são importantes para o grandioso plano da vida. Talvez nunca conquistem fama ou fortuna, mas carregam a sensação de bem-estar que acompanha qualquer atividade criativa. Você pode ser uma delas.

O VOCÊ INVISÍVEL

O verdadeiro *você*, além de invisível, também é imensurável. Em aulas sobre a ciência da mente, uso o seguinte exemplo para que os alunos compreendam que habitam uma esfera maior do que a revelada pelos cinco sentidos. Peço ao leitor que faça também essa experiência. Feche os olhos e leve alguns instantes para relaxar o corpo o máximo possível. Apoie os pés totalmente no chão. Sente-se em uma posição confortável. Relaxe as mãos e sinta-se em paz. Pense em si mesmo como ilimitado e infinito. Você tem consciência do corpo quando sente o contato da roupa, a pressão da cadeira ou a firmeza do chão sob os pés. Pense na testa, no nariz, nos ouvidos, no dorso das mãos. Você é capaz de definir onde termina a pele e começa o espaço?

Concentre-se nas laterais do rosto e verifique se consegue sentir onde está a pele. Onde está a parte inferior do queixo? Nessa posição relaxada, é quase impossível definir a si mesmo como corpo, ou seja, como um contorno limitado. Você percebe que não é apenas corpo; você é consciência, você é ideia. Parece se estender no infinito, e realmente o faz. Você vislumbra que é uma atividade de pensamento e sentimento deslocando-se através da Mente e participando em um *continuum* Dela.

À medida que praticar este simples exercício, você vai diminuir o poder da consciência do corpo que lhe foi inculcado pela experiência. Você sente o que os antigos chamavam de eu invisível e eterno, aquilo que realmente é, porque você é o que sempre foi. Essa autoconsciência correta não está condicionada pelo tempo ou espaço. Não conhece nenhuma limitação. Ela só conhece a expansão, o desabrochar da consciência que não é restringida pela experiência do passado. Ela não hipotecou o futuro dela. Ela confia na Inteligência Infinita e em Sua incessante atividade de ideias.

Você pode dizer que isso é interessante, mas não prático. No entanto, afirmo que é prático sim. Todo aprimoramento no destino da humanidade se deu devido à expansão da consciência. Alguém enxergou além das limitações do *agora* como conhecido no tempo e descortinou o *agora* como é conhecido na eternidade. Um homem ou uma mulher percebeu que aquilo que seria já existia. Na condição de ideia, já estava presente. Esse é o verdadeiro modo de pensar. Essa é a consciência criativa, e ela pode ser sua.

VOCÊ É CONSCIÊNCIA

Dizer *Eu sou consciência* é afirmar o que você é como individualidade. Trata-se de uma autodefinição no sentido atemporal e sem a limitação do espaço. Ela não tem nome nem número. Não precisa de nenhuma localização ou recurso. É plenitude. Inclui todos os processos, mas não é um processo. Ela é a existência pura. Abre os alçapões que dão para o infinito e a eternidade. Não conhece dimensões e não precisa delas. Opera por meio delas, mas jamais é condicionada por elas. Ela é o *você* que você é. Não o você que a consciência educada lhe ensinou que era. Ela é o que você é em Deus.

Essa autoconsciência pura não tem interesse no passado, presente ou futuro. Percebe essas linhas de demarcação apenas como uma mensuração, nunca como um fato ou limitação. Esse não é um autoconceito. É um vislumbre e uma noção do conceito de que você se encontra na Mente mais ampla do Infinito. Ela é o você infinito e imensurável. De repente, você é o todo no todo. Você está no todo, através do todo, como o todo. Nesse entendimento, a palavra *impossível* é desconhecida, já que qualquer conhecimento e qualquer processo é seu. O que quer que precise ser feito é realizado na consciência, pois apenas nela está a causa. A causa não pode ser condicionada pelo efeito, pois é a lei na direção do efeito. A consciência *é*. Tudo o mais é secundário em relação a ela. Ela é Espírito, ela é Verdade.

Na condição de consciência incondicionada, você é Espírito e Verdade. Saber disso é a ideia mais valiosa que poderá conhecer. Todos os sistemas espirituais foram fundados por alguém que sabia e avançava, tateando, na direção desse conhecimento supremo. Ainda fazemos isso hoje em dia. Ainda sentimos apenas parcialmente a magnitude da verdadeira consciência. Nós a sentimos, mas o materialista não a sente. Ele está tão ocupado com seu mundo de efeitos e em manipulá-los, que não consegue erguer os olhos para um horizonte mais amplo. Se essa pessoa chegasse a ler este livro até aqui, ela o poria de lado, afirmando que só contém bobagens metafísicas pouco práticas.

Conheço centenas de pessoas que demonstraram que esse conceito mais amplo de *Eu sou consciência* foi o ponto decisivo de sua vida. Ele inverteu por completo o ponto em que se baseavam para tomar decisões. Essas pessoas pararam de cultuar o passado. Deixaram de ter medo do futuro. Eliminaram todo o medo da morte. Decidiram ser a causa do próprio mundo porque compreenderam que eram o próprio mundo. Deixaram de ser pessoas vivenciando uma existência e passaram a ser a Vida vivenciando a si mesma. Tornaram-se os próprios heróis e santos. Não precisavam mais de nenhum messias. Por se conhecer em Deus, como Deus, não colocavam diante de si deuses de menor envergadura.

Não é o que faz o materialista. Este precisa de outros deuses. Precisa que outros lhe mostrem o caminho, que lhe prometam a salvação. Precisa de um céu e de um inferno que o assuste para que possa se comportar com sensatez. Precisa acreditar que Outra Pessoa é maior que ele. Ele precisa de outro modelo, padrão e plano pessoal.

Eu sou consciência o liberta de tudo isso. Faz com que você surja na consciência mais ampla na qual é o Todo, e o Todo é o que você é. Você está disposto a ser o próprio céu e o próprio inferno. Sabe que é o único capaz de redimi-lo do que é velho e conduzi-lo ao novo. Não busca o céu através do caminho de outro homem. Você é o céu que busca e desperta para ele, realizando nele sua eterna experiência. Ela nunca o deixou, mas você lhe cerrou os olhos. Agora o olhar da percepção está atento, e aquilo que você nunca abandonou é vislumbrado. À noite, quando dorme, você sonha o sonho. Pela manhã, desperta para a cama e o quarto que nunca deixou. O sonho pode ter sido agradável ou horrendo, mas você jamais deixou o quarto ou a cama.

VOCÊ É IMENSURÁVEL

Um universo inteiro de fatos grita para você o que não deve fazer. Ele afirma que você é uma vítima de sua época. Avalia-o com palavras como sucesso e fracasso, saúde e doença, amigos e inimigos. Enfatiza sua idade, sua expectativa de vida e suas finanças. Esse universo o ratifica como corpo, conta bancária e morte suprema.

Eu sou consciência inverte tudo isso. Você sabe que as coisas não são assim; você se conhece como pura percepção consciente além dos limites de tempo, espaço e mensurações, ainda que atue nessas esferas com facilidade e satisfação. Ideias criam fatos, e você agora está voltado para as ideias. A intuição lhe fornece a ideia. Você reflete sobre ela. O pensamento que você cogita faz com que a subjetividade crie o fato. Nenhum fato pode aparecer em sua experiência se você não tiver aceito a ideia e concebido o pensamento. Por ter esse conhecimento, você determina sua experiência e vive em plena liberdade. Não avalia a si mesmo com as qualificações do fato e do intelecto. Você se vê como um processo em formação, como algo que ainda vai existir. Não há mensuração no Infinito porque nele não existem comparações. O Infinito é sua existência, e você encerra o potencial dele.

Pense no exercício que sugeri no início deste capítulo. Feche novamente os olhos, relaxe e procure determinar onde está a pele nas laterais de seu rosto. Repare que você não pode realmente avaliar o lugar onde a pele termina e o espaço começa. Não pode decidir nada, porque não há uma decisão a ser tomada. Existe apenas a questão a ser contemplada e a verdade a ser observada. No momento, você não pode avaliar esse fato a respeito de si mesmo. Trata-se de um lugar no qual você é imensurável. Sua consciência está além de mensurações e avaliações. Você pode avaliar os fatos fazendo exames. Mas exames nunca provaram o que a pessoa sabia a respeito de nenhum assunto considerado. A própria palavra *exame* invoca um medo que o neutraliza como ferramenta valiosa.

No centro de sua consciência existe um propósito, mas não um plano. O propósito é o da Mente Infinita consciente de Si Mesma, tendo portanto consciência. Essa consciência é o propósito da existência. É a razão pela qual você existe conscientemente, e não tem nada a ver com o que você é no nível factual, o que você autodeterminou e experimentou. Seu verdadeiro propósito é você como consciência intuitivamente conduzido por ideias, livre para se mover na consciência, como consciência, vivenciando esferas intermináveis de consciência. Quando decide que é isso o que realmente é, o propósito se torna conhecido para você, que passa a se perceber como uma continuidade de pensamento e sentimento, estes conduzindo com decisão seu mundo de experiência. Você elabora o próprio plano, pois não há ninguém para fazê-lo por você. Você seleciona ideias para a própria experiência, porque é o selecionador, e a seu lado não existe ninguém.

ALÇAPÕES DA MENTE

Por demasiado tempo, a intuição vem sendo usada apenas no nível material. Pessoas afirmam que a intuição as ajudou a escolher o cavalo certo nas corridas, o parceiro certo no casamento ou a ação certa para comprar ações na bolsa. Quando essas escolhas se revelam corretas, as pessoas dizem que resultaram da intuição, mas, quando se revelam erradas, são consideradas resultado de uma avaliação incorreta.

A verdadeira intuição não diz respeito à *obtenção* de nada, e sim à autoconsciência. Ela não é o Infinito procurando lhe dar mais coisas. A maioria dos leitores deste livro não precisa de mais coisas. Precisam, sim, de uma noção do eu mais ampla. Precisam saber o que são como consciência pura. Apenas então poderão tomar decisões corretas, não baseadas em fatos, coisas ou bom discernimento. Estes se destinam àqueles que ainda não são capazes de perceber que a consciência é realidade, que nos deslocamos como consciência, através da consciência, explorando a consciência, e desse modo vivenciando a consciência. Não se trata de negar o mundo material, e sim de encarar esse mundo como consciência temporariamente encarcerada na forma, mas nunca limitada à forma na qual está atuando.

Existe um alçapão em sua mente. Quando você o abre por se conhecer como *Eu sou consciência*, novas percepções penetram sua esfera de raciocínio. Não são percepções de você como você é. Nem o conduzirão a maiores realizações externas, embora estas automaticamente sucederão. Elas o transportarão para um nível mais elevado de conhecimento, o processo do autodespertar, no qual as ideias são factuais e as coisas não são Intuição. Esse processo lhe oferece vislumbres de uma vida mais ampla, de uma mente mais abrangente e de uma razão mais profunda para existir. Vivemos tempo excessivo na crença de que devemos viver da melhor maneira possível, do ponto de vista físico e do conforto, até que a morte nos separe. A Intuição não tem nada a ver com o que acabo de mencionar. Ela é Deus no homem, como homem, conhecendo a si mesmo como Deus, não conhecendo a Si Mesmo como homem.

A Intuição revela o que você sempre foi. Suas revelações parecem novas e estranhas. Às vezes, eu chamo esse treinamento de Ciência da Recordação. É uma maneira de relembrar. É saber o que sempre foi, é agora, e sempre será. A Intuição revela conceitos que existiam antes do surgimento do universo físico. Eles parecem novos e surpreendentes para nós porque estamos tão seguros do agora físico e tão inseguros com relação ao futuro físico que não conseguimos aceitar a consciência como continuidade. Para nós, o passado é o passado, o presente é o presente, e o futuro é o futuro. Na consciência pura, essas delineações não encerram significado; na verdade, não existem. Você é, você foi e sempre será. O místico confia no processo e avança sem medo na expansão da consciência. Ele tem fé no processo criativo da mente.

A Intuição não o tornará mais rico ou mais feliz. Ela não lhe trará saúde se estiver doente. Essas coisas não são função dela. Ela o conduzirá para dentro de si para que faça uma exploração interior a partir de um ponto de vista mais elevado.

Trata-se de uma grande doadora de concepções. Não pode ser adulada, enganada ou ameaçada. Jamais funciona sob tensão. A atmosfera dela é de paz e autoaceitação. O propósito dela não é torná-lo uma pessoa melhor, salvar a sua alma ou redimir os seus pecados. Essas suposições teológicas não tem nada a ver com este ensinamento. A Intuição é o processo pelo qual você se torna consciente de si mesmo não como eu, mas como a totalidade e a plenitude do Ser.

Siga os seus *palpites*, se quiser. Não raro, eles conduzem a resultados corretos. Em geral, são conhecimentos subconscientes que se revelam para a mente consciente. Mas isso não é intuição. A psicologia afirma que você é o resultado do que foi, e que isso em geral determina o que você será. Esse ensinamento não exclui a afirmação, porque ela é verdadeira para a pessoa que vive uma existência comum e não está interessada em muita coisa além de sucesso, saúde e felicidade. Nesse nível, os psicólogos estão corretos. Mas intuição é outra coisa. Ela lida com o homem total, não o homem de várias partes, fragmentado em passado, presente e futuro. O Infinito, por ser tudo, é indivisível. Você, na qualidade de consciência do Infinito, busca se conhecer não como divisibilidade e sim como unidade. A pessoa completa deixa de lado a pessoa para ver a si mesma como o Todo. Essa percepção intuitiva não é apenas para os místicos e sábios. Também é para você. Ela conduz à liberdade total com relação à luta, à tensão e ao medo. Ela é maravilhosa.

PARE DE DEFINIR O FUTURO

Proferir coisas com um caráter final com relação ao futuro é absurdo. A evolução com o seu desdobramento constante, a sua lei e ordem, terá lugar não importa quais possam ser as suas opiniões peculiares. O Infinito não vai fechar as portas, independentemente do que a mente do homem possa concluir, profetizar ou especular. Ele continuará a ser ele mesmo. Uma pergunta que me fazem várias vezes por semana é a seguinte: "Você acredita na vida após a morte?" É claro que sim. Por me conhecer como consciência, deixei de me conhecer meramente como corpo e sensações. O que morre? Com certeza não é a consciência, porque esta independe do corpo, mesmo quando o está utilizando. Os sonhos independem do corpo. Eles não têm ligação consciente com ele.

O futuro é uma expansão de consciência, uma expansão de ideias, que me revela o que realmente sou. Essa consciência tem a própria maneira de funcionar em todos os planos. A Inteligência que produz o meu corpo atual cuidará de mim quando eu o deixar. Ela sabe como me preencher como Sua consciência ao longo de todo o tempo e em todo o espaço. O Ser continuará a existir, eu existo nesse Ser, como esse Ser. Por ser uma individualização Dele agora, jamais serei menos. Só posso ser mais Dele, pois o alçapão da intuição nunca se fechará, e sempre ficarei mais consciente de mim mesmo como consciência. Em decorrência, o corpo físico, por mais agradável que seja, não é necessário para meu avanço. *Eu sou consciência* não tem nem começo nem fim; encerra apenas o seu contínuo desdobramento.

A vida só pode ser para mim o que sou para ela. Ao conhecer a mim mesmo como toda a Vida, não apenas uma fração Dela, liberto-me da ilusão de inícios e fins. O aparecimento e o desaparecimento no nível dos sentidos não significa o começo e o fim da consciência. Isso denota a maneira como a consciência funciona. A consciência que pode causar o surgimento e o desaparecimento no nível dos sentidos usa esse expediente como forma de autoexpressão. No entanto, essa forma é uma entre um número incontável de formas. O tomate que comi ontem não interrompeu a produção de tomates na próxima primavera. Para mim, esse foi o surgimento e o desaparecimento do tomate. Para o processo criativo, foi o clímax lógico de sua criação desse tomate em particular.

O corpo humano, assim como o tomate, é inteligência subconsciente atuando como forma. Entretanto, você não é apenas inteligência subconsciente; também é inteligência consciente. A inteligência subconsciente aparece e desaparece no nível da forma. A inteligência consciente jamais é vista ou medida, e não tem forma. É isso que você realmente é. Isso produz forma, mas nunca é aprisionado por ela. Ao saber disso, você opera em um nível no qual a morte é desconhecida, embora observada como parte da expansão progressiva e contínua das ideias.

As decisões relacionadas com o futuro próximo ou distante devem sempre conter uma brecha. Nunca devem ser absolutas. Não coloque hipotecas falsas no grande negócio da vida. Espere o inesperado. Não existe nada errado com o otimismo criativo. Significa usar a Mente como a Mente tinha a intenção de ser usada, ou seja, para a produção de algo melhor do que aconteceu antes. Você é o indivíduo que ainda virá a ser. Você é potencial; não o indivíduo do agora.

Você é a pessoa em formação, e faz isso compreendendo que você é consciência. Quando mais esse ponto for inculcado, mais você se verá como ilimitado. A individualidade é ilimitada porque é a individualização da Causa, esta eternamente livre.

Todas as definições encerram um significado temporário. O único poder que elas têm é o do instante. E só têm esse poder por causa de sua crença. Estamos sempre redefinindo a nós mesmos e, portanto, ratificando limitações. As definições são cercas, muros que construímos ao redor de um conceito, pensando que ele é a verdade. A verdade jamais pode ser definida; só pode ser experimentada no nível da consciência atual. O espírito de Deus em você não pode ser definido no sentido do dicionário, porque a consciência está sempre além da definição. Ela é o que é a cada instante. Devido à própria natureza, jamais permanece a mesma. Nada em seu ser autêntico é constante. Você, como consciência, já não é o mesmo que leu a primeira página deste capítulo. Isso não se deve ao fato de ter concordado com as ideias apresentadas. Na realidade, você pode até ter discordado intensamente desses conceitos. Porém, a simples concordância ou discordância já modificaram sua consciência.

ESCLARECIMENTO

A essa altura, você pode estar se perguntando o que tudo isso tem a ver com tomada de decisões. Essas informações o ajudarão a escolher sua nova casa? A tomar decisões em relação aos seus negócios? Sem sombra de dúvida. Quaisquer ideias que desloquem sua atenção do efeito para a causa purificam a consciência. Venho explicando o que acredito que você realmente seja. Mas é preciso ser mais do que você acha que é. A vida precisa ser mais que pagar contas, criar uma família e alcançar certo sucesso material.

A religião e a filosofia há séculos vêm buscando respostas para essas ideias. Ambos os sistemas de pensamento produziram grandes mentes para lidar com os problemas da vida. Homens e mulheres que buscaram ver a humanidade em um contexto mais amplo iluminaram e enriqueceram incrivelmente nossa vida. Alguns deles vislumbraram o indivíduo como ele é na Ordem Infinita e proclamaram essa possibilidade latente. Outros viram o homem arraigado na materialidade e fixaram a atenção em seus erros de omissão e execução. Buscaram maneiras para tornar a humanidade *melhor*. Seus sistemas teológicos e filosóficos deram origem à maior parte do pensamento tradicional atual.

Afirma-se que o indivíduo comete erros ou toma decisões equivocadas porque agir assim faz parte de sua natureza básica. Não posso concordar com isso. Estou certo de que nossa natureza fundamental encontra-se em nível mais elevado do que tomar decisões equivocadas. Existe algo de Deus em cada pessoa, o que chamo de Individualidade. Uma vez mais, volto à premissa: *Eu sou consciência*. Essa definição está além da estrutura de referência conhecida como bem e mal. É o você não contaminado. É você manifestado como potencial. Não é você como acúmulo de experiências, que incluem o bem e o mal. É o *você* que avança pela experiência, mas que é intocado por problemas e decisões decorrentes da experiência.

Grandes pensadores espirituais declararam que o mundo no qual vivemos, de um até cerca de cem anos, é um mundo de experiência, mas não um mundo derradeiro. Quase todas as religiões professam essa afirmação. Estou seguro de que estão certas. Em consequência, exponho minha ideia de que, à medida que expandir seu autoconceito e vir a si mesmo em uma realidade mais ampla, você se tornará mais sábio, e suas decisões serão mais inteligentes. Em primeiro lugar, você deixará de se preocupar com decisões erradas. Se este livro não puder fazer mais que isso, eis uma razão valiosa para que tenha sido escrito. Temos lamentado o passado por tempo demais, pensando no que poderia ter acontecido se tivéssemos sido mais inteligentes. Não se trata apenas de contemplação inútil, mas também negativa e, portanto, passível de colocar mais negatividade na mente subconsciente para que esta a digira e, provavelmente, a manifeste.

DECISÕES ERRADAS

Qualquer decisão errônea que você possa um dia ter tomado deixará de ser importante quando a atenção se deslocar dela para uma razão criativa, a fim de que você viva no aqui e agora. A mente adulta, dando continuidade ao processo da vida, é obrigada, pela necessidade de pensar no agora, a esquecer os erros da infância. Você sabe que não pode avançar pensando em retrospecto. A experiência lhe ensinou muitas coisas, e você usa a sabedoria dessa experiência para lidar com os assuntos que estão próximos.

Novas ideias estão sempre tão perto de você quanto o próximo pensamento. A Mente é inexaurível, e você é uma individualização da Mente. Você é uma pessoa adulta em um mundo adulto, e precisa raciocinar como adulto. Cada momento que passa desperto, está tomando decisões. A maioria delas estará certa; algumas poderão estar erradas. Ao longo de um intervalo, você poderá descobrir que as decisões que considerava erradas na verdade estavam certas. Não raro, a névoa do pensamento material anuvia o senso de valor. No entanto, o tempo desobstrui a visão e enxergamos as coisas como elas realmente eram.

Nenhum poder está em algum lugar julgando as pessoas. Nos antigos sistemas de pensamento, suavizávamos o fardo de culpa acreditando que Deus nos puniria mais tarde por nossos erros. Hoje vemos que as coisas não são assim. Toda culpa é criada por nós mesmos. Os únicos registros mantidos encontram-se no campo de memória do subconsciente. Não existe nenhuma divindade para julgar ou punir. Existe apenas a Vida seguindo adiante, e aqueles que são capazes de minimizar suas decisões errôneas seguem adiante com a Vida, em uma manifestação da Vida. Quanto mais você entende a si mesmo como consciência, mais livre de culpa está. Você fixa a atenção em originar a próxima ação correta. O otimismo permanece imperturbável. Você aprendeu com os erros, mas não ficou paralisado por eles. Esse é o caminho da ordem progressiva, o caminho do pensamento criativo.

DECISÕES SOBRE METAS

O homem não vive apenas de pão; ele vive de tomar decisões. Aprendi muito a respeito da arte e da ciência de tomar decisões saudáveis ao longo dos numerosos anos em que me dediquei ao aconselhamento psicológico. Quase todo mundo que vem se consultar comigo está com problemas, os quais resultam principalmente de decisões erradas. As pessoas sempre perguntam: "Por que fiz aquilo?" A psicologia tem resposta para essa pergunta, e as explicações dos psicólogos são úteis. No entanto, é preciso que haja mais de uma explicação para o motivo pelo qual uma situação negativa aconteceu. Tem de haver esperança. Só posso ajudar essas pessoas se conseguir reviver a esperança nelas.

A esperança é um potencial na mente de todo mundo. Um número enorme de pessoas a utilizam como fantasia, ilusão, como um meio de se esquivar das decisões que precisam ser tomadas no momento. Entretanto, muitas vezes, reparo que as pessoas que passam por dificuldades precisam ter o potencial da esperança renovado na consciência, ao mesmo tempo que compreendem que as decisões do momento presente não podem ser evitadas. A esperança renovada afasta um pouco as considerações negativas. Diminui as perguntas relacionadas com o problema. Faz com que se comece a pensar no futuro com certo otimismo, por menor que este seja. E acelera o espírito, deixando que uma fresta de luz comece a reduzir a escuridão.

É necessário que haja a expectativa de algo bom que se aproxima para que a mente seja saudável. O amanhã precisa ser interessante para que uma vida criativa seja praticável. Quem está deprimido não sabe disso. Sua atenção está concentrada no motivo pelo qual ela está com o problema. A atenção do pensador criativo se fixa em como ele poderá escapar do problema. O leitor deste livro talvez se beneficie se fizer uma pausa para descobrir qual é sua atitude. É óbvio que não existem problemas definitivos. Existe sempre uma solução para qualquer situação. O que acabo de dizer não é apenas um chavão; é uma verdade. Toda ciência e arte terapêutica se baseiam nessa verdade. Existe sempre uma saída. Muitos nunca a encontram devido à própria atitude negativa e derrotista. Toda ciência e arte terapêutica envolvem fracassos e sucessos. Muitos lerão este livro, dirão que ele tem valor, mas não extrairão nenhum benefício dele. Outros assimilarão as ideias nele contidas, com as quais concordam, e as acharão úteis para a tomada de decisões.

A expectativa mental é o segredo tanto da saúde mental quanto da depressão mental. Por trás de tudo isso está o fato do objetivo no longo prazo. A pessoa tem ou não um objetivo? Dessa pergunta dependem os resultados que a pessoa obterá de uma ciência ou arte terapêutica. Embora tenha discutido esse ponto em capítulos anteriores, preciso voltar a enfatizá-lo a partir de um novo ângulo.

Há alguns anos, uma mulher, membro da minha igreja, veio se consultar comigo. Durante a conversa, ela mencionou sua meta no longo prazo. Era uma meta negativa e, sem duvida, imoral. Tendo em vista os anos de experiência em aconselhamento, a meta não era nem nova nem perturbadora para mim. Sabia que poderia ser modificada. Pelo menos a mulher tinha uma meta no longo prazo. Era mais do que muitas pessoas que se tratavam comigo tinham na vida. Ela sabia aonde queria chegar. Apenas escutei, sem julgá-la. Estava ciente de que o processo mental que havia levado seus pensamentos em direção a uma meta negativa também poderia levar seus pensamentos em direção a um objetivo positivo. Depois de muita conversa, foi exatamente o que aconteceu na consciência dela. As energias mentais e emocionais reagiram à nova meta com o mesmo fervor e entusiasmo com que haviam respondido ao propósito anterior.

QUANDO É BOM, QUE BOM

Numerosas pessoas que este mundo rotula de *boas* são na realidade pessoas estáticas e assustadas que carecem da coragem de cometer erros. Essa não é a verdadeira bondade, como você sabe muito bem. É uma consciência estática que mantém o presente na esperança de que ele seja a resposta. Apenas a mente com meta criativa é uma mente sadia, o que eu chamaria de mente *boa*. Permanecer imóvel na vida e sustentar o presente com um monte de clichês é na realidade um processo desintegrador. Superficialmente, a pessoa pode dar a impressão de estar tendo sucesso. Pode ser um cidadão exemplar, mãe ou pai dedicado e a encarnação em pessoa do bom caráter. No entanto, a morte está em ação em sua consciência, e, em raros momentos, ela sente que nem tudo está correndo tão bem na vida.

O mundo nunca foi enriquecido por pessoas virtuosas e estáticas. Pensadores criativos que pensam progressivamente é que elaboram a marcha do progresso. A bondade deles não reside apenas na moralidade, mas também na mente que busca, que progride. Por mais que o presente seja agradável e tranquilo, esses homens e mulheres arriscam-se a enfrentar dificuldades para explorar o que pode vir a ser. Essa é a verdadeira bondade, e ela é sua se a desejar. Talvez você tenha conforto demais na vida. Todas as suas decisões dizem respeito às questões do cotidiano. Você acha que está seguro tanto agora quanto nos anos vindouros. Talvez seja um daqueles que precisam de uma mudança dramática – rotinas confortáveis sempre resistem a mudanças dramáticas. Talvez seja um daqueles que não desejam que novas decisões coloquem em risco a segurança do momento, que têm confiança no bem inato e acreditam ser pessoas dignas do céu.

Sua meta e decisões relacionadas a ela são fundamentais para você. O pensamento espiritual nunca é um pensamento do *agora*. As ideias acabadas não são criativas. A vida diz respeito aos assuntos inacabados. A natureza nunca está satisfeita. Sempre compete consigo mesma, buscando produzir algo melhor que antes. A natureza é o estado natural de Deus. É a mente criando o novo e o aprimorado. Toda evolução evidencia uma Mente progressiva pensando de maneira nova a fim de se aprimorar. Esse processo está em você; na realidade, é você.

O PERIGO DO COMODISMO

O comodismo é um mal. Ele não tem lugar no processo criativo. Quando enfeitiça a mente, têm início os problemas subconscientes. Você pode levar meses ou anos para se conscientizar da desintegração que ele produziu. Pode levar tudo na brincadeira, mas o processo degenerativo continua até você acordar. Com o tempo, surge um problema sério que o faz se deter de repente e o obriga a reavaliar sua consciência. De uma hora para outra, você se dá conta de que passou o tempo todo sendo levado de um lado para o outro em vez de se dedicar à atividade criativa. Relaxou e se entregou ao falso conforto da rotina, deixando de prestar atenção a novas ideias. Seu modo de pensar e suas palavras estão fora de moda, embora sejam respeitáveis. Você ficou atravancado no mecanismo agonizante da mente, que funciona assim porque, inconscientemente, você desistiu de viver.

Se alguém lhe dissesse que você havia inconscientemente desistido da vida, tenho certeza de que ficaria furioso. Ressaltaria todos os valores que criou na vida atual. Relataria os triunfos do passado. No entanto, no centro dos pensamentos, haveria uma torturante sensação de fracasso. O sentimento de que não estava tudo bem. A verdade estaria clara como água. Você talvez quisesse ou não enxergá-la.

Metas. Para muitas pessoas essa é uma palavra ridícula. Os idosos dizem que é tarde demais. Os jovens afirmam que não têm a menor chance. Pessoas de meia-idade descrevem objetivos limitados e acham que eles são suficientes. Eu o desafio a pensar de maneira ampla. Eu o desafio a ter um sonho magnífico. Nada é impossível para quem se decide por uma possibilidade. O Infinito responde concordando, tornando-se a coisa que você determinou que existirá. A estrutura de opiniões preconcebidas é a única coisa que limita a criação, mas elas estão sujeitas a mudar em um piscar de olhos quando uma decisão é tomada.

A seguir, há um tratamento espiritual para sua utilização. Profira-o frequentemente em voz alta. Reflita sobre ele. Você pode não concordar com as palavras, o que será bom, porque despertará novas ideias em sua mente. Ele o agitará, tirando-o do comodismo mental, e acelerará a resolução de abandonar toda a letargia mental e caminhar livremente em direção a novos panoramas.

Existe um só Deus, uma só Mente, uma única Vida e uma única Verdade. Sou a preciosa individualização desse processo criativo. Não existem situações estáticas na vida, pois renuncio a todas as condições estáticas em minha mente. Estou aberto e receptivo a novas ideias. O alçapão da intuição encontra-se agora aberto em minha mente, e sou inspirado pelas ideias certas. Essas ideias são adequadas para mim. Meu propósito é claro. Declaro agora que todos os padrões subconscientes opostos a meu objetivo serão neutralizados. Sei o que fazer e como fazê-lo. Minha meta está definida em minha consciência como sendo assim; portanto, ela é assim. Eu a tenho. Exulto nela. Dou graças por ela. Assim é.

CAPÍTULO 4

Decida ser feliz

Felicidade é sentir uma genuína satisfação com sua experiência atual. A quantidade de gente infeliz no mundo de hoje é alarmante. Pense em seis amigos seus e calcule quantos deles estão satisfeitos com a situação em que se encontram. A felicidade não é constante, mas a satisfação pode sê-lo. A satisfação envolve um profundo senso subjacente de realização, de estar vivenciando a vida de maneira adequada. É uma boa base subconsciente que reside na confiança e certeza, apesar das diversas vicissitudes no nível de experiência da mente consciente. É uma sensação básica de integração que permite ao fluxo da criatividade estar em ação, tanto na mente quanto nas emoções.

Quem é infeliz pensa que sabe por que é infeliz. O número de pessoas nesse estado que ouvi e aconselhei é imenso. A explicação das numerosas causas da infelicidade em geral é inexata. Pessoas infelizes não se veem do modo correto. A perturbação emocional distorce a capacidade de raciocínio. Elas desejam mudar acontecimentos, situações, condições e pessoas do seu mundo individual, mas não querem mudar a si mesmas. Desejam reorganizar os fatos, mas resistem ao conceito de reorganização de ideias dentro da própria consciência.

FELICIDADE É UMA QUESTÃO INTERNA

É óbvio que a felicidade está disponível para a maioria das pessoas no mundo de hoje. Faz-se o possível para que elas se sintam felizes. Grandes corporações produzem mais coisas para um número de consumidores maior que nunca. Fabricam mais rápido, distribuindo produtos mais depressa e tornando-os disponíveis a preços mais baixos o tempo todo. Vivemos uma espécie de glutonaria de *coisas*. Não se pode mais dizer que apenas os ricos podem ter tudo. Pessoas com renda mais baixa têm acesso a aparelhos de televisão, automóveis e roupas de qualidade. No entanto, a infelicidade continua a existir em todas as camadas sociais e para todo tipo de pessoa.

Bem, se coisas não trazem a felicidade, o que é que traz? A resposta é que necessitamos de uma mudança na consciência, e pouquíssimas pessoas estão dispostas a fazer isso. Desejam mudar situações da experiência enquanto permanecem no estado mental estático atual. Uma experiência modificada só acontece a um indivíduo modificado. Trata-se de uma lei mental e espiritual. É a verdade da vida, e, de maneira intuitiva, toda pessoa a conhece. Por mais que tentemos evitar essa verdade, ela não deixará de ser verdadeira. O mundo reage a você correspondendo a seus pensamentos. Ele se torna para você o que você é para ele. O mundo expressa sua consciência, e só se modifica quando sua consciência mudar. Coisas, situações e eventos não acontecem – são *causados*, e a mente é o campo da causa.

Sua mente atual é a causa de seu mundo de efeitos. Tudo o que lhe acontece se deve a você mesmo. Apenas você é a causa de sua experiência material. Essa talvez seja uma verdade bastante desagradável, mas precisa ser conhecida e aceita, para que uma maneira correta de ser feliz seja encontrada. Ideias corretas que buscam um pensamento correto, para se tornar causa de sua felicidade, já se encontram em sua mente. Você não precisa implorar essa dádiva a uma divindade. O que você precisa é reconhecer a si mesmo como grande manancial espiritual de felicidade. O trabalho de Deus em você foi totalmente concluído. Ele aguarda o reconhecimento e a prática das ideias Dele. Eis um tratamento espiritual que o tornará mais consciente desse fato.

Existe uma Mente, um Deus, um Bem Infinito. Esse Bem contém tudo o que sou. Sendo assim, contém cada ideia de que preciso para ser feliz e criativo. Essas ideias divinas funcionam neste momento em minha consciência, revelando-se para mim. Sou aberto e receptivo a essas ideias. Estou atento ao ensinamento intuitivo implícito nelas. Não existe resistência em mim a meu próprio bem. Não existem antigos padrões de infelicidade, nenhuma ideia falsa de que eu seja indigno. Sou um ser espiritual, uma individualização da Vida. Minha mente subconsciente aceita agora essas afirmações e age motivada por elas. Agora me regozijo em meu caminho.

É interessante que a superabundância de coisas disponíveis, a quantidade em constante expansão de pessoas instruídas e a infinidade de áreas da ciência moderna não tenham aumentado a felicidade do homem. Não quero dizer, é claro, que devamos voltar à Idade Média e viver sem conforto, educação e ciência, mas sim que o mundo da mente, e não o da forma, é a esfera na qual devemos buscar e encontrar a alegria de viver. O mundo material lhe trará conforto, mas não o fará feliz. Você organiza seu mundo por meio do poder mental, e isso você já possui.

FERRAMENTAS DA MENTE

Há mais técnicas hoje em dia para tornar as pessoas felizes do que em qualquer outra época anterior. Os últimos cem anos trouxeram o nascimento e o desenvolvimento da psicologia, psiquiatria, psicanálise e ciência metafísica. Todas essas disciplinas lidam com a causa mental e emocional. No entanto, o número de pessoas infelizes aumenta a um ritmo bem maior do que a capacidade de assistência de terapias psicológicas. Não existem mentes qualificadas para lidar com o crescente número de pessoas perturbadas. É por esse motivo que livros deste tipo têm prestado um valioso serviço.

Tudo que é necessário para sua felicidade está disponível. Ninguém pode mais reclamar de que se encontra isolado. Existe sempre algo para ajudá-lo, mesmo que seja apenas a biblioteca pública.

Neste livro, você encontrará ferramentas mentais que levarão luz à mente e esperança ao coração. Lembre-se de que você busca ideias e atitudes mentais para criar felicidade. O mundo material não é capaz de produzir a sensação interior de paz e bem-estar. Coisas não podem fazer isso, mas ideias sim, e você é um pensador capaz de ter ideias. Portanto, pode produzir felicidade deixando que ideias criativas governem seu pensamento no dia a dia.

O reino de Deus está dentro de nós, e nele se encontra a origem das ideias. Todos os sábios espirituais já nos contaram esse fato. Todas as escrituras enfatizaram essa verdade. Entretanto, voltamo-nos para a direção errada. Estamos tão ocupados fazendo coisas que deixamos de alimentar a mente com ideias adequadas. A consciência da maioria das pessoas sofre com a falta de impulsos novos e criativos. Tem fome e sede de justiça, como o Sermão da Montanha vem proclamando há dois mil anos. Trata-se de um trabalho interior, e estamos munidos para a satisfação dessa fome e sede ao desenvolver novas ideias, descobrindo novos interesses e alimentando novos pensamentos.

Afaste-se do tédio da rotina monótona e dos pensamentos repetitivos. Reformular o bem e o mal do passado é estupidez, além de desnecessário e destrutivo. Apodere-se de novas ferramentas da mente, pois elas estão disponíveis. Grandes ideias aguardam sua percepção consciente. Precisam de sua mente para funcionar e poder lhe conceder plena autoexpressão, algo que lhe trará felicidade. Frustração é pecado. É um insulto ao Deus que o criou para ser um pensador. Você não precisa magoar a si mesmo. Tampouco precisa do tédio. Você nasceu para pensar de maneira dinâmica e ter grandes ideias, produzindo experiências interessantes para si mesmo e os outros. Você possui o equipamento necessário para isso, concedido por direito divino.

Tão logo decida ser feliz, vai precisar declarar que agora é feliz. Esta ciência não lida com o futuro, apenas com o agora. Você poderá argumentar sobre a impossibilidade dessa declaração, uma vez que ainda é infeliz, portanto, estaria dizendo uma mentira. Na verdade, ao fazer a afirmação, você declara uma verdade, porque o Infinito o dotou de felicidade. Ela já se encontra em sua mente atual. Não se trata de algo que vem e vai embora, tampouco tem início e fim. É uma constante espiritual que aguarda ser reconhecida e reafirmada. A aparente mentira prepara o caminho para que a verdade se revele.

Afirmar que não é infeliz conferirá liberdade às ideias criativas para que sejam ativadas em sua mente; para que saiam das profundezas do subconsciente e iniciem a atividade correta. Seu estado mental negativo as obrigou a se recolherem por algum tempo. Agora, sairão da falta de atividade forçada e irromperão em criatividade. Então, você passará a ter vislumbres intuitivos para fazer coisas novas, originais e diferentes.

A NECESSIDADE DO NOVO

Estados estáticos não são propícios à felicidade, porque produzem monotonia, a qual, por sua vez, gera o tédio. Este último jamais lhe foi destinado. Quando você está entediado, sente algo que Deus jamais planejou. O Infinito é sempre estimulante no processo criativo. Participar do processo do Infinito, tornando-se diversidade no plano finito, é glorioso. Eis seu verdadeiro estado. É esse seu estado normal. É você em sua maior e melhor expressão. É você quando é criativamente feliz.

Você tem sede enorme de novas ideias. Essas novas ideias que deseja, necessita e precisa ter estão na sua mente. Afirme que estão presentes e observe-as enquanto surgem em você. Agarre-as, use-as e se regozije nelas. Em seguida, aja motivado por elas. Faça algo diferente. Diga algo diferente. Torne-se uma pessoa diferente. Experimente novos restaurantes. Faça compras em uma loja de departamentos que não costuma frequentar. Passeie em ruas do seu bairro que não conhece e fique atento a coisas interessantes. Seja um superintendente de calçada e observe um novo prédio em construção. Maravilhe-se com algumas coisas, para variar. Tudo isso é possível, e você pode fazê-lo.

Velhas ideias não criarão novas condições. Nunca o fizeram e jamais o farão. Elas atravancam nosso ritmo. É como colocar, gradualmente, freios mentais. Observe sua mente enquanto faz os cálculos do talão de cheque, e certifique-se de que está pensando no que deseja vivenciar. Você sabe quanto dinheiro tem na conta-corrente. Mas sabe quais ideias conduzem sua consciência? Estar ciente delas é muito mais importante que saber o saldo no banco. Consciência progressiva é vida. Consciência estática e desinteressante equivale à preparação inconsciente para a morte. Ficar estagnado em velhos conceitos faz com que a consciência crie problemas.

Os problemas são para a mente o que a dor é para o corpo – são sinas de advertência, diferentes indicações de que algum movimento criativo precisa ser feito na mente. Pessoas inteligentes sabem disso e começam a inverter o modo de pensar assim que o problema aparece. Buscam uma nova ideia para resolvê-lo, não uma antiga. Afirmam com muita propriedade que a necessidade é a mãe da invenção. Talvez você ache que um problema secundário não é muito importante, mas é sim. Ele demanda que você reflita de uma nova maneira, para que seja reduzido a nada. O fato de você permitir que problemas de segunda importância existam em seu mundo implica na geração de outros. Logo o conjunto de problemas secundários torna-se o principal problema. Ele atingiu sua plena floração, e agora você se sente deprimido.

A solução para qualquer dificuldade está tão perto de você quanto seu próximo pensamento. Todas as ideias da Mente Infinita o aguardam professar seu direito sobre elas. Trata-se de uma verdade da maior importância. Não existe nada físico a ser feito; apenas uma nova ideia a ser cogitada. É óbvio que alguma forma de ação mental, consciente ou subconsciente, precede qualquer ação externa. Toda ação depende do pensamento. Na condição de pensador, você alimenta pensamentos e, portanto, possui o segredo para controlar toda ação que tem lugar dentro de você, com você e ao redor de você. São muito poucos os que conhecem esse princípio e o aplicam. A pessoa comum deixa a mente totalmente livre e desenfreada e depois se queixa com amargura das próprias dificuldades. Se você lhe disser que ela precisa de novas ideias e pensar de maneira diferente, ela rirá de você. A verdade, porém, é que você pode direcionar a mente e transformar qualquer situação para melhor, e isso inclui sua felicidade. Não estou dizendo que pensar é sinônimo de felicidade. Apenas digo que pensamentos baseados em ideias novas e estimulantes são a causa da felicidade.

Quando você decide ser feliz, o processo criativo da Mente age de maneira instantânea em função de sua decisão. Como a inteligência Dela é absoluta, Ela sabe o que fazer, e o faz. As ideias se revelam com pureza de inovação e dotadas de total capacidade de se produzirem plenamente em sua experiência. Algo maior que sua mente atual assume o controle. Deus entra em ação em você e através de você, a fim de expandir o ser que você conhece e transformá-lo em um ser mais amplo, que ainda está por existir. Tudo isso é feito ordenadamente, por meio da Lei da Mente. Novas causas são colocadas em movimento, e novos efeitos se seguem de modo tão infalível quanto a noite seguirá o dia. Você observa as ideias desabrocharem. Percebe o processo de formação. Contempla novos eventos surgindo no útero da consciência em sua existência cotidiana, trazendo novas cores, tonalidades e atividades. Repita o seguinte texto em voz alta:

> A ação da Mente Infinita é a ação da minha mente neste instante. O Infinito jamais se repete. Ele é fonte constante de inovação e causa. Novas ideias revelam na minha consciência, neste momento, novas experiências de alegria. Minha mente subconsciente aceita agora essas novas ideias

como sendo lei e faz com que aconteçam de maneira perfeita. Não existe nada em mim que obstrua a ação de Deus. Cada fase e função de minha consciência coopera com as novas ideias que surgem em meus pensamentos. Essas novas ideias, aceitas por mim, tornam neste momento minha vida interessante, criativa e feliz. Por isso, regozijo-me, agradeço e sinto-me satisfeito.

DIREITO À FELICIDADE

Você efetivamente acredita que tem o direito de ser feliz? Muitas pessoas não acreditam nisso. Foram criadas em religiões tradicionais que sugeriam não serem dignas da felicidade, enfatizando em particular o falso ensinamento religioso de que a infelicidade era uma virtude, que Deus estava mais próximo dos infelizes que dos satisfeitos. Tais ideias negativas foram inculcadas na mente de milhões de pessoas. Muitas igrejas fazem isso até hoje. Essas convicções paralisam a mente subconsciente e impedem quem quer conhecer a felicidade. Muitas vão do berço ao túmulo com apenas alguns poucos vislumbres dela. São pessoas trágicas, amargas, solitárias.

No Livro de Jó, lemos o seguinte: "Os filhos de Deus bradavam jubilosos" (Jó, 38:7); e Jesus afirmou: "Tenho vos dito essas coisas, para que a minha alegria possa permanecer em vós e para que a vossa alegria possa ser completa" (João, 15:11). Essas são apenas duas das numerosas declarações bíblicas sobre o tema da alegria. Se sua Bíblia tiver um índice remissivo, procure as palavras *alegria* e *felicidade*. Você ficará assombrado ao encontrar um grande número de passagens que afirmam ser a alegria e a felicidade estados espirituais que todos deveriam obter no dia a dia. Antigas crenças religiosas ainda encerram um poder subconsciente mesmo que o intelecto as tenha descartado. Se foi criado nos ensinamentos da igreja tradicional, que professam ser a felicidade um pecado terreno, você precisa fazer uma profunda reflexão para convencer de novo o subconsciente de seu direito de ser feliz e da expectativa de felicidade.

Algum artista famoso precisa pintar com urgência um quadro de Jesus sorrindo, e outro dele rindo. Estou certo de que ele sorria com frequência. Grandes ideias espirituais não nascem em mentes sombrias. Mentes sombrias e deprimidas não são o útero da criatividade. Elas geram coisas negativas, não positivas. A mente de Jesus tinha necessariamente de ser alegre, pois as verdades que surgiram por intermédio dele são eternas. Fizeram homens e mulheres felizes, e continuam a fazê-lo. Levantaram o ânimo. Consolaram deprimidos. Curaram doentes. Fizeram prosperar os que conseguiram aceitá-las. Alegraram corações. Tais verdades se originaram em uma mente jubilosa, que conhecia seu Manancial e recorria a ele.

Paulo escreveu que tínhamos que ter em nós a mesma mente que havia em Jesus. Isso é possível, pois ela já se encontra em nós, esperando que a procuremos. Quando declaramos que temos em nós essa mente, ela é ativada e começa a revelar novas ideias. Estas, por sua vez, quando aceitas, por pensarmos de acordo com seus termos e orientações, provocam situações aprimoradas que alegram tanto a mente quanto o coração. Os recursos para a felicidade, que já estão ao alcance da mente, são impressionantes. Para que se tornem conhecidos, basta que meditemos sobre eles. Deus nos dotou da capacidade de ser feliz, e esse dom é mental. Ele não pode ser comprado; precisa ser pensado, e somos pensadores capazes de chegar à felicidade por meio dos pensamentos. Ninguém além de nós pode nos impedir de seguir essa linha de raciocínio. A alegria é o interior da xícara, e a felicidade é o exterior. Beba intensamente do cálice mental que é a própria vida.

OS PERIGOS DO TÉDIO

Um fator de peso na questão da infelicidade é o tédio. Muitas pessoas estão entediadas e nem mesmo se dão conta disso. Examine sua mente e verifique se está entediado com sua situação atual. Se for esse o caso, o melhor a fazer é acabar rápido com o tédio, porque é um estado mental e emocional que gera infelicidade. É um pensamento preguiçoso. Um pensamento que não é criativo e que, se alimentado por tempo demais, torna-se destrutivo. Ficar entediado no mundo de hoje é absurdo. O planeta inteiro explode em ideias, pessoas e eventos interessantes. Em nenhuma outra época houve tanta música, arte e excelentes distrações disponíveis. Novos livros e revistas interessantes estão espalhados por toda parte. Todas as casas têm rádio e televisão. Ficar entediado dá bastante trabalho, e um grande segmento da população tem se dedicado a esse trabalho que causa o tédio.

Talvez a ciência tenha nos proporcionado conforto demais. Dependemos de máquinas e aparelhos. Olhando para trás, pergunto-me como minha bisavó conseguiu criar uma família, manter uma casa e ter uma vida social saudável sem as comodidades modernas. Não havia lava-louças elétricas, fogões modernos, aspiradores de pó, máquinas de lavar roupa e, no entanto, tanto ela quanto os outros membros da família viveram uma vida longa e agradável. Ela não se deixava desencorajar porque tinha que bombear água de um poço e buscar lenha para o fogão. Ninguém gosta mais do conforto da vida moderna do que eu. Sinto grande admiração por homens e mulheres que inventaram e desenvolveram os eletrodomésticos que estão em minha casa. O objetivo deles é nos proporcionar mais tempo para uma vida criativa, e isso exige de nós um interesse saudável pela vida.

O pensamento criativo confere entusiasmo à vida, e você é um pensador criativo quando decide sê-lo. O sentimento de que é magnífico estar vivo é uma necessidade espiritual. Reduz a pressão e as tensões das atividades rotineiras. Estimula novas ideias na consciência e alerta a mente para os encantos disponíveis. Ele não tolera a morbidez, o tédio ou o pensamento preguiçoso. Impede-nos de sermos arrebatados pelo passado. Faz com que sejamos pessoas de *hoje* esperando coisas magníficas para o amanhã.

Pense nos dias dos fonógrafos acionados por manivela que só tocavam um disco de cada vez. Depois de ser tocados cerca de cem vezes, os discos ficavam arranhados e o som perdia qualidade. A mente de muitas pessoas é como o velho fonógrafo e seus discos. Toca repetidamente os mesmos pensamentos gastos. Essas pessoas recapitulam o passado para evitar o presente. Você as ouve falar a respeito das mesmas coisas sempre que está perto delas. Elas repensam em vez de pensar. Ficam entediadas, mas nunca inquietas. Queixam-se, mas não fazem nenhum esforço para corrigir a situação em que se encontram. Os velhos discos giram sem parar na consciência delas, propagando bactérias mentais e acelerando o processo de envelhecimento. Essas pessoas parecem cansadas e velhas, não importa sua idade efetiva.

A vida é a ação do espírito. Deus nunca está entediado. O Infinito é a Mente eternamente criando novas ideias, conceitos e propósitos. O Infinito nunca se repete. Apenas o homem conhece a repetição que causa o tédio. A natureza jamais se entedia, pois encontra-se sempre em um processo criativo. Até mesmo o peixe-dourado no aquário não fica entediado. Ele permanece ativo, assim como os canários nas gaiolas. Tudo os fascina. São a Vida vivendo a Si Mesma, manifestada neles. E esses seres glorificam a Inteligência que os criou.

Examine seus pensamentos dos últimos sessenta minutos; eles revelarão sua posição nos corredores da mente. Eles o deixarão deprimido ou o aclamarão ao longo do percurso. Os pensamentos que o incentivam são dignos de sua vocação elevada como expressão individualizada da Vida. Nós sempre nos colocamos entre o que é velho e conhecido e o que é novo e desconhecido. É preciso coragem para praticar essa ciência na qual você agarra o novo ao mesmo tempo que solta o velho, mas no final os resultados são extremamente satisfatórios. Você não vegeta mais no tédio e tampouco reclama de tudo. Em vez disso, um interesse vital se faz presente, propósitos são criados, e metas, alcançadas.

Quando parentes e amigos chegados pensam em você, que tipo de pessoa examinam mentalmente? Você é uma imagem bem definida na mente deles. Eles o conhecem bem há anos. Ouviram suas ideias. Observaram-no em variadas circunstâncias. Talvez o conheçam melhor do que você mesmo. Você poderá dizer que a opinião deles não é importante, que não se importa com ela. No entanto, deveria se importar. Na cabeça deles, você deveria ser uma pessoa criativa e interessante, um amigo valioso. Pense na imagem que outras pessoas têm de você. É uma imagem que você criou. Suas ações e atitudes a formaram na consciência de outra pessoa. Você talvez sinta que a outra pessoa tem certos preconceitos, e é bem possível que ela tenha mesmo alguns. No entanto, de modo geral, a imagem mental que você criou destaca-se como sendo a imagem que tem de si mesmo na sua mente. Ela é a projeção da própria consciência; em decorrência, pode sempre ser mudada quando você decide modificá-la.

Temos melancolia e pessoas melancólicas suficientes para cuidar da civilização pelo resto dos tempos. Você e eu não pertencemos a esse grupo. O fato de diversas figuras importantes em todas as ramificações das ciências e das artes terem sido infelizes e no entanto produzido grandes obras criativas não prova nada. Essas pessoas poderiam ter realizado tudo o que realizaram, e provavelmente ainda mais, se tivessem sido felizes. Não existe virtude na depressão, na amargura e na vida estática. Esses estados nunca tornaram ninguém mais espiritual, criativo ou amoroso. Em vez disso, enfraqueceram emocionalmente aqueles que permitiram que estados se tornassem padrões básicos na sua mente subconsciente.

Não vejo nenhuma razão para que um Deus o crie com um corpo do qual você pode cuidar bem, se quiser; com uma mente que você pode manter positiva, se quiser; com emoções que respondam a atitudes construtivas; com um universo flexível ao redor que você possa controlar e, nele, criar boas experiências – e, depois de criar tudo isso, esse Deus queira sua infelicidade. Estou certo de que cada um de nós está munido para ser feliz e destinado a sê-lo. Todos os estados negativos são criados por nós mesmos e podem ser neutralizados por nós.

INFELICIDADE CRÔNICA

Não podemos animar os cronicamente infelizes. Não podemos tornar uma pessoa feliz se seu padrão de felicidade subconsciente demandar que seja infeliz. É uma constatação psicológica que muitas pessoas são felizes em sua infelicidade, assim como se sabe que várias outras só se sentem felizes quando estão doentes – elas só conseguem ser felizes no lado negativo da vida. Você desperdiça seu tempo, energia e dinheiro se tentar reanimá-las. Se forem parentes próximos, você precisa aturar as queixas. Entenda que elas são como são devido à necessidade inconsciente de atenção. Não tente transformá-las, porque é impossível tornar feliz alguém que atinge a meta escolhida ao ser infeliz. Se forem parentes distantes ou amigos, elimine-os gradualmente de sua vida. Transforme-os em pessoas com quem você troca cartões de Natal.

Agora voltemo-nos à seguinte pergunta: "Devo rezar por essas pessoas?" Claro que sim, se tiverem importância em seu mundo. Faça um tratamento para que o mecanismo de felicidade já existente na mente subconsciente delas seja estimulado, e para que todos os padrões negativos que as tornam infelizes sejam neutralizados. Eis um exemplo de como direcionar um trabalho mental a elas:

> Deus o criou para ser feliz. Sua mente atual contém o aparato espiritual necessário para produzir seu bem-estar. Esse tratamento espiritual ativa agora o mecanismo subconsciente. Todos os falsos padrões que causam sua infelicidade são agora neutralizados e destituídos de todo poder. Neste momento, novas ideias maravilhosas nascidas do Espírito Infinito estão em sua mente, e você as aceita de maneira subconsciente. Elas têm poder e autoridade, e produzem novas formas benéficas a partir de si mesmas. Você reage a elas e regozija-se nelas. Essas são afirmações da Verdade, e assim se manterão.

Nada tem caráter definitivo no universo, e toda pessoa é capaz de se modificar quando decide fazê-lo. A decisão de ser feliz gera mudanças na consciência. Ela reverte padrões e tendências subconscientes. Faz com que algo comece a acontecer. Você não pode tomar decisões por outra pessoa. É ela, e apenas ela, quem precisa tomar a decisão de ser feliz e complementar a decisão com maneiras criativas de concretizá-la. Pode não ser algo de fácil realização, mas, quando alguém desloca a atenção para aspectos positivos e se mantém voltado a eles, portas se abrem e novos eventos têm lugar.

A Inteligência Infinita não encerra nenhuma destrutividade. Não contém dentro de Si nada que possa destruí-la. Ela é um conjunto harmonioso, uma unidade que se expressa como diversidade, mas que jamais é alterada pela diversidade que criou. Trata-se de uma positividade constante. Esse é o manancial do seu ser. É a causa de sua mente e suas emoções, que são o aparato para vivenciar sua existência. O Infinito não pode ferir a Si Mesmo, mas o indivíduo pode, e o faz. A infelicidade é um estado emocional autodestrutivo. Trata-se do uso inadequado do aparato criativo de que você foi espiritualmente dotado. Quem é razoavelmente saudável, com uma mente razoavelmente normal, utiliza esse aparato inato da maneira como foi concebido para ser usado e se desloca pela vida com o máximo de felicidade.

ATENÇÃO É PODER

Aonde a sua atenção mental vai, suas emoções vão atrás. Eis uma verdade básica que qualquer pessoa desejosa de usar esta ciência precisa conhecer. Memorize-a agora. Essa afirmação pode ser a chave que você procura para transformar as situações de sua vida. A mente é o único poder criativo, e ela é um campo de interação entre pensamento e sentimento. Um sábio professor dizia com frequência que o bem e o mal eram as extremidades opostas da mesma vara. A mente está no centro dessa vara, e sua atenção determina o sentido em que a consciência se desloca. A atenção mental pode ser controlada. Todas as pessoas bem-sucedidas possuem bom controle da atenção mental, quer tenham ou não consciência disso. Elas pensam o que querem e desejam o que pensam.

Foque a atenção em atitudes, situações e pessoas que contribuirão para seu bem-estar. Trata-se de uma sólida prática mental, que é na verdade uma prece de afirmação. Ela insere na mente subconsciente o conteúdo mental, que em seguida reúne os equivalentes emocionais para produzir os objetos de sua atenção. Esse é o processo e o mecanismo do sucesso, que pode ser utilizado de duas maneiras. Quando está preocupado, você utiliza o processo de maneira destrutiva, que é o inverso da prece. Trata-se de um movimento mental e emocional direcionado à extremidade nociva da vara. Os resultados dessa utilização mental são óbvios.

Jesus sugeriu que abençoássemos os inimigos. Interpreto essa sugestão como promover deliberadamente a transformação de meus padrões negativos, que desenvolvi por meio dessa lei da atenção, em padrões criativos positivos que produzirão o que realmente desejo. Transformo meus temores atuais em novas áreas de fé e expectativa positiva. Transformo a antipatia que sinto pelas pessoas em novos canais de comunicação através dos quais enxergo o melhor em todo mundo. Posso fazer isso quando controlo a atenção e a direciono para onde quero, ciente de que ela inicia o processo criativo, produzindo o que desejo. Tudo isso parece muito simples, mas não é. Requer autodisciplina, e autodisciplina eficaz precisa ser motivada pelo desejo. Em outras palavras: você tem de realmente querer mudar. Não se trata de uma decisão superficial; ela precisa ser profunda.

O trabalho do tratamento espiritual é deslocar a atenção de um foco negativo para uma ideia positiva e permanecer concentrado nela por tempo suficiente para que influencie a mente subconsciente. Você faz isso ao focar em uma afirmação fundamental do que deseja e repeti-la de várias maneiras. Essa técnica é explicada em detalhes no meu livro *Treat Yourself To Life* ("Trate-se para a vida").[3] Milhares de pessoas já a utilizaram e constataram que funciona.

Ninguém é feliz 24 horas por dia. No entanto, um número enorme de pessoas sente-se feliz apenas alguns minutos por dia. Quanto mais feliz você for, mais os padrões de satisfação básicos serão construídos no subconsciente. Uma vez que tenha um genuíno padrão de satisfação, sua vida será fácil e, com certeza, mais próspera. Não que você não vá ter problemas, mas estes não receberão tanto sua atenção emocional, portanto serão resolvidos com mais facilidade. Sua atenção mental permanecerá no nível das soluções, não no nível dos problemas. A preocupação se reduzirá a um mínimo, e a fé na bondade da humanidade se expandirá. Você então terá se deslocado do nível da luta, da pressão e

---

3. Raymond Charles Barker, *Treat Yourself to Life*. Nova York: Dodd, Mead and Company.

da discussão para o nível da atenção voltada a aspectos positivos seguidos pela ação adequada e inteligente. É assim que a vida foi destinada a ser vivida.

A Declaração de Independência dos Estados Unidos diz que todo homem tem direito à vida, à liberdade e à busca da felicidade. Trata-se de uma declaração espiritual, uma verdade inegável. Você tem esse direito e obterá felicidade se buscá-la seguindo regras simples para assegurá-la.

LINHA DE AÇÃO

Toda realização importante resulta de uma linha de ação bem planejada. Uma plano desse tipo insere ordem na mente, e esta para de ser obstruída por pensamentos irrelevantes. Eis um plano que lhe sugiro seguir. Não posso garantir resultados, já que não sei o quanto você será sincero ao executá-lo. Tampouco sei se começará com entusiasmo e, alguns dias depois, retomará os antigos hábitos de preocupação e depressão. Os resolutos e determinados são os que obtêm resultados. Conheço pessoas em minha congregação que chegaram à igreja depois de anos de infelicidade crônica. Vi algumas delas se tornarem, gradualmente, pessoas criativas, positivas e felizes por meio da utilização dessas ideias. Outras tentaram e desistiram. Permaneceram no lado negativo. As que mudaram são pessoas jubilosas, valiosas para seu trabalho, para os entes queridos e para o Deus que as criou.

Tudo começa com a profunda decisão de ser feliz. Diga para si mesmo em voz alta: *Decidi ser feliz*. Faça isso com voz firme durante pelo menos uma semana. Em seguida, afirme o seguinte:

> Tenho o direito de ser feliz. Se outras pessoas podem ser felizes, eu também posso. Minha mente e minhas emoções são iguais às delas. Exijo agora que meu subconsciente utilize toda a sua inteligência para me fazer feliz.

Diga a si mesmo que acredita ser a felicidade um dom espiritual, e que esse dom já se encontra dentro de você. Está presente pelo seu direito de estar vivo. Quanto mais ratificar o lado espiritual da felicidade e o direito espiritual de possuí-la, mais rápido obterá resultados.

Pare por completo de se queixar. Pare de falar com os outros sobre infelicidade. Encontre coisas que você possa elogiar. Comece a procurar aspectos positivos em parentes, amigos e colegas de trabalho. Existem algumas características boas nessas pessoas que apenas aguardam ser encontradas. Quando lhe perguntarem como você se sente, diga uma verdade espiritual, mesmo que seja uma mentira factual. Observe suas conversas, e, sempre que começar a mencionar coisas negativas, mude imediatamente para ideias criativas e interessantes. A palavra falada encerra poder. Use-a para produzir o que deseja, e comece deixando de falar sobre o que não quer – e com certeza você não quer mais ser infeliz. Você rompeu com esse processo, que deixou de existir em você.

Comece a fazer coisas novas e diferentes. Passe a comer alimentos diferentes e interessantes. Ative sua vida social. Expanda o círculo de amizades. Vá a lugares para os quais for convidado, quer esteja com vontade de ir ou não. Se precisar de roupas novas, compre-as. Se a casa precisar ser revigorada com papel de parede e tinta, chame os decoradores. Troque os quadros da parede. Redistribua-os por diferentes aposentos.

Leia mais livros como este. Se houver uma igreja metafísica onde você mora, frequente-a e contribua com dinheiro. Doe um pouco mais do que você normalmente doaria para abrir os canais de receptividade. Não coma sozinho com frequência. Não fique sozinho por tempo excessivo. Permaneça em contato com a raça humana. As pessoas são maravilhosas. Deus faz maravilhas por intermédio delas. Retome antigos *hobbies* ou descubra novos. Cuide da aparência e use as melhores roupas em todas as ocasiões possíveis. Descubra coisas a respeito das quais você possa rir.

Você não pode fazer tudo isso ao mesmo tempo, mas escolha o que pode fazer e comece. A coisa mais importante a fazer diariamente é se lembrar de que Deus quer que você seja feliz e afirmar isso em voz alta. A felicidade agora lhe pertence.

CAPÍTULO 5

Decida viver com abundância

O esplendor da vida é conhecido por poucos, quando deveria ser conhecido por muitos. A maioria das pessoas vive apenas de modo parcial. São mais ou menos saudáveis, ricas, felizes e criativas. Aceitaram esse estilo de vida parcial como natural. Apenas em breves e raros momentos, vislumbram uma existência mais ampla e desejam que a vida pudesse ser assim. Mas logo retomam o modo de pensar habitual e continuam a agir com pouco entusiasmo. Viver parcialmente é antinatural, além de desnecessário.

Você pode vivenciar uma existência mais plena onde você está e nas circunstâncias atuais. Isso não requer mais dinheiro, emprego melhor, casa mais agradável ou um novo cônjuge. Exige apenas uma mudança de consciência, algo que você é capaz de fazer por ser um pensador. Você controla a consciência. No momento em que decidir ter uma existência mais abundante, a consciência "dará um jeito" de isso acontecer. A consciência contém a inteligência total, porque é o pensamento da Mente Infinita em ação. Sua consciência é a individualização da consciência total da Existência. É por esse motivo que ela lhe manifestará uma vida mais abundante assim que você tiver certeza de que a deseja e houver decidido tê-la.

Tudo depende de você, não do mundo dos eventos, de coisas ou pessoas. Sua mente está onde você vive. Seu mundo, corpo e situação reagem em exata conformidade com sua mente. Não com a mente de nenhuma outra pessoa, mas com a *sua*. Uma consciência expandida se expressa em uma experiência expandida. É assim que a lei da mente funciona. Uma experiência externa mais ampla e mais feliz requer conhecimento mais vasto e completo da consciência que a precedeu.

São várias as pessoas que utilizam essa lei mental às avessas. Pensam de maneira mais restrita o tempo todo, limitando de modo inconsciente seu ponto de vista, interessando-se cada vez menos pela questão da vida e se perguntando por que são infelizes e possuem uma esfera de ação limitada. Se você lhes contasse que o motivo é a consciência delas, ficariam furiosas. Elas vivem firmemente convictas de que nada é culpa delas, que de alguma maneira a situação se desenvolveu, causada por si própria. Por consequência, ajustam-se a uma vida de menor expressão, afirmando que aqueles que conseguem viver satisfatoriamente e com conforto são afortunados. No entanto, estes últimos não são afortunados; são apenas mais sábios. Veem a si mesmos de forma mais ampla, porque, além de vislumbrar o que é notável, também o apreendem.

REDEFINA A SI MESMO

O salmista escreveu: "Abres a tua mão e satisfazes o desejo de todos os seres viventes" (Salmos, 145:16). Tal é a generosidade divina na qual estamos eternamente imersos. É por esse motivo que o reino dos céus está na terra neste momento e pode ser vivenciado agora. A Mente Infinita, por ser infinita, não poderia gerar uma criação limitada. Você é a criação ilimitada de um Manancial ilimitado e contínuo que lhe oferece ilimitadas ideias, possibilidades e potencialidades. Ele não pode reter Suas ideias. Devido à própria natureza, precisa Se expressar por intermédio do homem.

O Infinito é uma prodigalidade divina. Ele Se doa continuamente. Deus não conhece a parcimônia. O Infinito não precisa ser frugal, pois Ele é uma mente inexaurível, uma substância inesgotável. Não precisa conservar, economizar ou fazer orçamentos. Ele dissemina a Si Mesmo por saber que apenas por meio da expressão a vida abundante pode ser vivenciada. Expressar é liberar, e a Mente Infinita está continuamente disseminando a Si Mesma. A fim de ter autoexpressão total, Ela precisa ser generosidade total. Essa é a magnitude divina.

Você faz parte desse processo de disseminação do Infinito. É o depositário da generosidade divina. Todas as ideias do universo lhe são oferecidas, para que também as expresse lançando-as no seu subconsciente com uma intenção deliberada, mantendo assim o seu mundo viçoso, novo e diferente. O universo inteiro deseja que você viva plenamente. Todo o amor existente deseja que você ame plenamente. O mundo todo de sabedoria deseja que você se conheça corretamente e use plenamente sua capacidade. Tudo acontece perfeitamente a seu lado quando entende essa ciência e utiliza os princípios dela.

Oliver Wendell Holmes escreveu o seguinte: "A mente do homem, quando se estende para uma nova ideia, nunca retorna às dimensões originais". Quanto mais você se conscientiza do processo criativo e do lugar que ocupa nele, mais as dimensões da consciência se ampliam e mais você toma as decisões corretas para que ela continue a se expandir. O Infinito pensa continuamente para fora, não para dentro. Deus não é egocêntrico. Deus não se preocupa consigo, pois Ele nada tem a temer. O Infinito não conhece nenhum inimigo, pois não há nenhuma oposição. Ele não luta, não discute nem briga. Está em paz dentro de Si Mesmo. Você recebe do Infinito para poder doar ao finito.

A expressão é a lei da saúde psicológica. A repressão é essa mesma lei invertida, de modo que parece atuar como uma lei de doença emocional. Um número demasiado grande de sistemas religiosos pregaram doutrinas de repressão, desse modo limitando, tolhendo psicologicamente os seus adeptos. O nosso sistema faz o oposto. Sabemos que a expressão é a lei da Vida disseminando a Si Mesma por intermédio do homem. Este recebe a fim de doar. Tal é o processo divinamente equilibrado da consciência criativa. Quando alguém recebe mas deixa de dar, estabelece-se uma confusão, e alguma forma de deterioração começa a nascer dessa experiência. A lei divina de dar e receber não pode ser revogada sem que surjam problemas. O seguinte texto, proferido em voz alta, será proveitoso:

> O Infinito está sempre se doando para mim. Ele me criou a fim de Se disseminar por meu intermédio. Sou o receptáculo divino de todas as ideias da Vida, da Verdade e do Amor. Aceito agora essas ideias da dádiva que já me foi concedida. A minha mente subconsciente regozija-se nesse novo conteúdo com suas diretrizes criativas. Ela cria situações melhores do que todas as antecedentes. Essas novas situações são meios

pelos quais eu me entrego a um mundo melhor e a uma humanidade mais esplêndida. Sou o processo receptor e distribuidor da Mente Divina. Reconheço-me como tal. Respeito-me por isso. Dou graças e agradeço que as coisas sejam assim, porque é assim que elas são.

Portanto, você está conhecendo a si mesmo como você é em Deus, interrompendo com isso o conhecimento incorreto a respeito de si apenas como homem ou mulher. Essa redefinição é essencial para a sua saúde, prosperidade, amor e autoexpressão. Ela proclama a totalidade para o seu eu, o eu que se torna aquilo que você afirma que ele é. Você é completo. É firme. É a ação de dar e receber da Vida abundante. Está no lugar certo, fazendo o trabalho certo, criando ideias certas a cada instante. Você conhece a si mesmo como Deus o conhece. Esse autoconhecimento claro e correto é a consciência sendo usada tal como foi concebida. Ela apaga para sempre o falso conceito da humanidade, revelando a verdadeira natureza da divindade que sempre esteve na sua consciência, esperando que você se conheça como realmente é ao deixar de se conhecer como você não é.

ALONGUE OS MÚSCULOS ESPIRITUAIS

Se algumas das declarações feitas neste livro lhe parecerem inacreditáveis, até mesmo fantásticas, conceda a elas alguma credibilidade, pois elas expandirão um pouco a sua mente. Este é um saudável exercício mental. Muitos sistemas de exercícios físicos parecem inacreditáveis para o observador, e no entanto produzem resultados. Quando a pessoa persiste, eles a mantêm em boa forma física. Do mesmo modo, se persistir durante certo intervalo de tempo, as percepções espirituais vislumbradas revelarão o bem-estar espiritual. Muitas vezes, alunos me ouviram repetir nas aulas algumas dessas ideias ao longo de um período de cinco ou dez anos, e depois, de repente, uma ideia se tornou clara na mente deles. Algo que, para esses alunos, havia tocado as raias do absurdo era, de repente, uma verdade. De súbito, sabiam do que eu falava e podiam se beneficiar desse novo conhecimento que repentinamente irrompera na consciência.

Paulo escreveu o seguinte: "Porque, em parte conhecemos, e em parte profetizamos. Mas, quando o que é perfeito chegar, o que é parcial será aniquilado"

(1 Coríntios, 13:9-10). As verdades espirituais ruminadas na mente com o tempo se esclarecem. Ao examinar retrospectivamente suas antigas convicções religiosas, você poderá se perguntar hoje como pode ter um dia acreditado nelas. No entanto, acreditava nelas naquela época e jamais teria ido além do primeiro parágrafo do primeiro capítulo deste livro. Você o teria colocado de lado e sido bastante sarcástico a respeito do que estava escrito. O fato de tê-lo lido até aqui indica que encontrou alguns conceitos novos e estimulantes, e está refletindo sobre eles.

Uma vida plena e abundante precisa se basear no entendimento espiritual. Como disse anteriormente, as coisas por si sós não produzem uma vida plena. Elas nos proporcionam conforto, e isso, intrinsecamente, pode fazer com que a mente adormeça quando na presença de ideias espirituais. Para muitas pessoas, as ideias espirituais são inacreditáveis, de modo que as descartam dos pensamentos. O que elas aprenderam a respeito de Deus na infância é igualmente inacreditável, mas não se dão conta disso. Aprenderam a conviver com essas crenças e não veem nenhuma razão para tentar algo novo na esfera espiritual, em particular quando ideias mais novas estão envolvidas em estranhos vocabulários. Novas ideias precisam ter novos vocabulários. Toda área nova da ciência, quando se desenvolve, gera novas palavras, novas frases e uma terminologia inteiramente nova. A fim de apresentar a ideia de Deus como Mente, do homem como Mente em ação, e do universo como Mente em reação, a consciência do indivíduo precisa estar pronta para perceber palavras usadas de novas maneiras e que encerram novos significados.

Penso agora em todas as novas palavras e termos que foram criados com o advento do surgimento do automóvel. Até mesmo essa palavra foi criada para substituir o termo *carruagem sem cavalos*. Cada peça e função do automóvel precisou receber um novo nome. Portanto, quando você começa a pensar de maneira espiritual em vez de teológica, precisa aceitar e assimilar uma linguagem inteiramente nova. Não raro, os novos termos da nova linguagem não são verdadeiramente compreendidos durante um longo tempo. A consciência espiritual expande o entendimento espiritual, o qual então enobrece toda a consciência pessoal.

Novas definições e explicações dadas a velhos termos espirituais ocasionam o esclarecimento. Deus como Mente, em vez de Deus como Super-Homem, torna acessível todo tipo de pergunta e conduz a todo tipo de novos pensamentos e convicções. O homem como Individualização Divina de toda a vida refuta o homem nascido para pecar. Tudo isso provoca um exercício mental que, por sua vez, causa a expansão da consciência. É como viver em uma grande cidade e, ao escurecer, observar as luzes se acendendo gradualmente nos prédios comerciais e nas residências. Tudo é visto em uma nova dimensão e, embora possa não ser plenamente compreendido, mesmo assim a mente se expande.

Digo com frequência para mim mesmo: "Deus é maravilhoso. Eu sou maravilhoso. A vida é maravilhosa. Tudo é maravilhoso porque Deus é a maravilha em tudo isso". Essas frases ficariam presas na garganta de muitos beatos dos velhos tempos e seriam consideradas profanas. Eu as considero verdadeiras. Vejo a mim mesmo em uma estrutura mais abrangente. Sinto a unidade de todas as coisas. Tenho profunda dedicação à vida correta baseada no pensamento positivo. Compreendo que a vida é mais que minha mente de cinco sentidos, com seu notável intelecto. Os métodos desconhecidos do espírito podem se tornar conhecidos para mim. Não me encontro em um Mistério Espiritual que não possa ser compreendido. Estou em uma Explicação Espiritual na qual meu entendimento Dela e das maneiras como Ela funciona pode aumentar. Não preciso aceitar ideias espirituais sobre a fé. Eu as investigo até alcançar um conhecimento esclarecido, quando então me aproprio delas, minhas pérolas de valor inestimável.

A vida plena é um campo de oportunidades ilimitadas. Ela não requer nenhum trabalho físico. Ela o convida a alimentar novos pensamentos a respeito das eternas verdades e assim reformular as suas conclusões. Você passa a se ver como nunca se viu antes. Sente o poder espiritual que é de fato seu, um poder que pode usar para viver uma existência abundante e feliz, e se doar de novas maneiras às outras pessoas. Você tem a sensação de que é livre. Seus pensamentos não são controlados por problemas; ao contrário, eles controlam e dissipam os problemas. Seu conhecimento é sempre pontual. Você sabe o que precisa saber na hora em que precisa sabê-lo. Todas as ideias lhe estão disponíveis, e a mente está aberta e receptiva a eles. Você se regozija nas oportunidades ilimitadas, que são suas.

Aqueles que vivem uma existência plena não têm medo do futuro, porque sabem que o amanhã é o hoje amplificado. O amanhã é a expressão do hoje em uma nova configuração. Se não houver medo neste dia, não haverá nenhum temor no dia seguinte. A consciência atual é sempre a experiência futura. O futuro é seguro para aqueles que estão vivendo na segurança mental e emocional neste momento. Em vez de temer o futuro, planeje-o e insira nele um pouco mais de entusiasmo. Tudo começa com os pensamentos atuais. Se estes não forem estimulantes, a experiência do amanhã tampouco o será. Na qualidade de pensador em atividade, você pode criar o que quiser quando o desejar, e isso priva o futuro de qualquer sugestão negativa. Você é livre no tempo. O passado, o presente e o futuro são controláveis. O passado pode ser higienizado. O presente pode se tornar produtivo. O futuro pode ser o que você decidir que ele será. Tudo isso é possível porque você é consciência tomando decisões criativas.

Exercitar os músculos espirituais ao aceitar ideias novas o torna consciente da maravilha de tudo. Por saber que todas as coisas, pessoas, situações e eventos são espirituais, você vive no prodígio do espírito. A verdade, o amor e a beleza podem ser vistos em todas as coisas. É como se você, de repente, enxergasse as cores pela primeira vez. Uma nova dimensão parece ser acrescentada a tudo. O seixo na praia não é apenas uma pedra; agora é uma obra de arte a ser estudada, sentida e exaltada. De súbito, todas as coisas grandes ou pequenas passam a ter igual importância, e elas o conduzem a conceitos interessantes. Todas as coisas contribuem para sua abundância mental e emocional. Você vê coisas onde antes nada enxergava. Você sente onde antes nada sentia. A luminosidade de Deus permeia toda a sua consciência, e você sabe que o céu é esta terra. Você está nele. Você nunca estará fora dele. Ele cerca, habita e satisfaz a si mesmo por seu intermédio, agora que seu entendimento espiritual é óbvio para você.

REALIZAÇÃO MENTAL CORRETA

Uma vida plena não contém estresse nem tensão, pois foram deixados para trás, tornando-se inexistentes. Aliás, jamais existiram, mas, por desconhecimento das ideias espirituais, transformamos sua inexistência em algo que julgávamos ser real. Com ou sem intenção, colocamo-nos sob o domínio deles. Agora, tendo aceito a plenitude da vida que nos pertence por sermos seres espirituais, declaramo-nos emancipados dessas crenças opressoras e desnecessárias. Elas não nos controlam mais. Somos livres para seguir em frente a fim de alcançar os desejos do coração.

Os desejos de seu coração são seu maior trunfo. Eles indicam as experiências que você pode ter quando toma a decisão de tê-las. São um potencial poderoso, apenas no aguardo de sua atenção. Jamais devem ser desprezados.

Por meio do entendimento espiritual adequado, podem agora emergir em sua vida para preenchê-la. Enquanto você pensa a respeito, eles se agitam dentro da consciência como o bebê dentro do útero da mãe. Esses desejos querem irromper. Querem se tornar visíveis por seu intermédio. Batem à porta da intuição, certos de que você a abrirá.

Toda criação começa com um desejo. Deus desejou a autoexpressão, e o cosmo nasceu. Os desejos do coração são possibilidades que podem se manifestar em sua experiência. O pensamento correto os anima. Eles se sentem inquietos, mal podendo esperar o momento de nascer. Não permita que pensamentos materiais e monótonos continuem a sufocá-los. Desejos não são esperanças, tampouco sonhos. São, sim, potenciais a ser desenterrados para que deem frutos. Comece a pensar neles não apenas como possíveis, mas como efetivamente já existentes. O fato de você passar alguns dias vislumbrando essa possibilidade o levará a planejar a chegada deles. Pegue um dos desejos e o torne real, por saber que ele já o é. Você receberá uma resposta assim que entregar à mente subconsciente o ultimato de que esse desejo precisa se tornar realidade.

A maioria dos desejos genuínos foi prejudicada pela indecisão. Pessoas morrem com desejos irrealizados, porque nunca tomaram a decisão de agir motivadas por eles. Eram por demais preguiçosas e estavam excessivamente ocupadas ou cansadas. Não é seu caso. Ao viver uma existência plena, você é ocupado, mas nunca ocupado demais. Está sempre alerta, disposto e ativo. Sente um cansaço normal, mas não exaustivo. Você pode tornar realidade os desejos de seu coração porque agora possui ferramentas com as quais trabalhar.

Para obter uma realização mental correta, é preciso descartar todo tipo de indecisão, dúvida e medo. Talvez você se pergunte se isso pode ser feito. Sem dúvida que sim. A firme decisão de que toda indecisão, dúvida e medo não podem mais atuar em sua consciência começa a rejeitar esses sentimentos, destituindo-os de qualquer autoridade e os associando a uma completa insignificância. Essa é a morte deles, e nunca mais poderão ressuscitar em você. Foram eliminados. O medo, a indecisão e a dúvida podem tê-lo governado enquanto estava no Getsêmani da preocupação, mas agora foram apagados no Calvário da decisão de que não mais existem.

Talvez você seja uma daquelas pessoas nas quais um medo subconsciente se manifesta ao usar a palavra *Deus*. Não tenha medo dessa palavra. Se suas antigas convicções religiosas ainda têm poder subconsciente, decida que suas incogruências serão reveladas, ao mesmo tempo que a verdade delas continuará a atuar na consciência. Ninguém deve temer a Deus quando ele se manifesta como Generosidade Divina. Na realidade, essa é uma palavra maravilhosa, em particular quando você sabe que é sinônimo de Mente, Verdade e Amor. A compreensão da qualidade impessoal do processo criativo deveria, por si só, destruir qualquer temor de Deus. Profira para si mesmo o texto a seguir, em voz alta.

> Não tenho medo de Deus. O uso da palavra Deus não pode causar receio subconsciente de uma divindade distante. Deus está onde eu estou e é o que eu sou. O espírito de Deus é meu espírito. O amor de Deus é meu amor. A criatividade de Deus é minha criatividade. Sou livre de todo medo, pois agora entendo o que é Deus. Estou consciente tanto da onipresença quanto da iminência. Sinto-me à vontade com as palavras *Deus, Espírito* e *Verdade*.

Do mesmo modo, a utilização da palavra Deus pode ativar um antigo sentimento de culpa – algo bastante comum. Uma vez mais, trata-se do falso conceito de que Deus observou cada coisa que você fez ou pensamento errado que teve e mantém um registro completo deles, os quais você terá de enfrentar um dia. Do ponto de vista intelectual, talvez você saiba que não é verdade, mas a mente subconsciente jamais foi informada com precisão de que as coisas não são assim. Por isso, a velha culpa com relação a Deus permanece. Você precisa trabalhar mentalmente com esse fato.

Um aluno meu pode me dizer que agora percebe ser possível ter o que deseja nesta vida plena e abundante. Ele afirma que decidiu alcançar determinado objetivo. Respondo que essa é uma ótima notícia. Ele retruca dizendo não ter certeza de que a notícia seja tão boa. Nesse momento, sei que a culpa subsconciente dele se manifestou no sentimento de se um Deus pessoal aprovaria ou não sua decisão. A culpa não é com relação ao objetivo que ele decidiu alcançar, e sim se Deus aprovaria. Então, sugiro-lhe que faça um trabalho de tratamento espiritual específico para anular essa falsa crença da mente subconsciente.

Depois de ensinar esta ciência por um longo tempo, estou certo de que o conceito que as pessoas têm mais dificuldade em aceitar é o que professa que podem obter o que desejarem na vida. O antigo conceito de ser uma virtude passar sem o que realmente queremos e aceitar de boa vontade uma porção diminuta da vida como sendo uma experiência espiritual é absurdo, e eu sei disso. Espero que a essa altura você esteja convencido de que é um agente livre em um processo criativo impessoal que reage a você, tornando-se o que deseja, uma vez que tenha decidido tê-lo ou sê-lo. Se ainda não se convenceu, repita mentalmente essas ideias até que a mente subconsciente pare de agir em função das antigas crenças e passe a agir motivada pelas novas. A vida então tornará realidade sua decisão de ter uma existência mais ampla e uma experiência magnífica.

PROSPERIDADE

No livro *Treat Yourself to Life,* defino prosperidade como a capacidade de fazer o que queremos no instante em que desejamos. Isso é viver uma existência plena. Você deve ter percebido que a meta não é o dinheiro. O número de pessoas ricas doentes é igual ao de pessoas pobres enfermas. E o mesmo podemos dizer sobre a quantidade de pessoas ricas e pobres que são infelizes. O dinheiro é um meio para se chegar a um fim, mas não é o fim em si mesmo. A crença de que o dinheiro resolverá seus problemas é uma ilusão. Sempre foi e sempre será, porque os problemas surgem e são criados pela mente, não pelo talão de cheques. A maneira de resolver problemas é mudar o modo de pensar e mantê-lo modificado. Essa é a decisão correta para você viver uma existência plena.

A prosperidade é um estado de consciência que você pode gerar quando deixar que o dinheiro seja um meio, e não um fim. O dinheiro não compra uma bela vista, embora possa levá-lo ao lugar onde possa descortiná-la. O dinheiro não compra o amor. Não compra uma mãe, um pai, um filho, um marido ou uma esposa. Dinheiro não compra os excelentes relacionamentos que você tem com os amigos mais íntimos. Dinheiro é um processo, não uma meta. Não se preocupe, porque não estou menosprezando o dinheiro. Ninguém aprecia mais sua utilização e o aprecia mais do que eu. Acredito que ele seja Deus em ação e com frequência declaro isso como verdade. Trata-se de um recurso que o Infinito utiliza para fazer fluir o universo de minhas atividades, conferindo-me tranquilidade e alegria. Digo às vezes que o dinheiro é uma ideia na Mente de Deus, a ideia de movimento e facilidade. Afirmo portanto que sou uma ideia na Mente de Deus, e que essas duas ideias agora se aglutinam. Por consequência, sou dinheiro.

O dinheiro resulta da utilização de ideias. Ideias produzem dinheiro, já que são a causa da consciência de prosperidade. Ideias espirituais são gratuitas. Não podem ser protegidas por lei de direitos autorais nem patenteadas. São minhas para que eu as use, e é o que faço. Eu as venho utilizando enquanto escrevo este livro. Ideias espirituais são sempre positivas; não poderiam jamais ser destrutivas. Elas convidam à reflexão, embora possam a princípio parecer nebulosas. Os pensamentos que engendram revelam gradualmente um sentido e, em seguida, os aspectos práticos se tornam óbvios. Você sabe então o que fazer e decide fazê-lo, agindo como a consciência da prosperidade agiria.

As pessoas não raro me dizem que precisam de uma grande quantidade de dinheiro imediatamente e que não estão interessadas em ouvir que precisam ter uma consciência de prosperidade. Não desejam ser criativas; desejam apenas dinheiro. Por compreender que elas não conseguirão dinheiro sem a consciência do dinheiro, saio do caminho delas. Como resultado de não obterem dinheiro, elas declaram que esta ciência não funciona. Ela funciona quando usamos os métodos que ela nos explica. Tudo começa na mente e resulta da ação mental. Quem vive sempre necessitando de dinheiro rápido precisa compreender que tem um padrão inválido no que diz respeito ao dinheiro. Enquanto não o trocar por um padrão melhor, a necessidade constante continuará. Em geral, as pessoas são imprudentes ao lidar com dinheiro.

Um dos grandes benefícios que acompanham o entendimento de que o dinheiro é Deus em ação é sua utilização inteligente. Dívidas enormes e acumuladas indicam que a pessoa tem uma fantasia com relação ao dinheiro. Ela acha que pode consegui-lo sem trabalho mental ou físico. Trata-se de uma impossibilidade. O universo responde de maneira compatível. A integridade e a sinceridade são itens primordiais na consciência de prosperidade. Acumular contas e esperar que algum Deus as pague é simplesmente ridículo. A vida não funciona dessa maneira. Os dias de crédito fácil conduziram diversas pessoas à tentação. A consciência de prosperidade só pode ser construída com base em um sólido bom-senso. Se a maneira como você vai gastar dinheiro ou assumir dívidas estiver fora da esfera do bom-senso, seguramente haverá problemas. Um número excessivo de pessoas confiou no Senhor, esquecendo-se de que o Senhor ajuda aqueles que ajudam a si mesmos. Enquanto os padrões de hábito subconscientes a respeito do dinheiro não forem saudáveis, sinceros, claros e distintos, você não prosperará.

É possível que já tenha esses padrões saudáveis dentro de si. Eles podem ter sido inconscientemente criados pelas diversas experiências. Podem ter sido inculcados na infância, pelos seus pais, na mente subconsciente, ou pela maneira como viviam em família. Em geral, as pessoas acreditam que quem é afortunado tem sorte na vida, mas não é verdade. Gente assim se sente à vontade quando pensa em dinheiro, de modo que, como resultado, mostra-se despreocupada no mundo em que vive. Pode não ser tão desembaraçadas em outras áreas como a da saúde ou da autoexpressão, mas também pode sê-lo.

Acredito que existe uma neurose que acompanha dívidas substanciais. Antigamente, quando comecei na função de ministro da igreja, e as dívidas eram aparentemente necessárias, tinha uma sensação real de mal-estar que permaneceu comigo até o dia, muitos anos depois, em que passei a não dever nada a ninguém. Era como uma obsessão. Não me deprimia necessariamente nem me impedia de progredir na carreira. Agora que estou livre das dívidas, tenho uma sensação muito maior de bem-estar e liberdade de ação. Tomo medidas para garantir que as contas sejam pagas em dia. Mantenho um senso de ordem no que diz respeito às finanças. Essa é uma área de minha vida na qual a ação correta prevalece.

É impossível escapar da lei e da ordem. Aqueles que parecem consegui-lo verão a desordem aumentar na vida cotidiana. A maneira como você lida com detalhes externos da vida é um indício dos estados de consciência que estão em ação na mente subconsciente. Temos o direito de julgar alguém pela maneira como vive, trabalhar, ama e lida com as responsabilidades financeiras. Reflita um pouco a respeito de si mesmo. Talvez precise organizar melhor seu mundo material. Se for esse o caso, comece meditando a respeito de alguns assuntos espirituais. Pense no mundo individual como inserido em uma lei espiritual, fazendo parte dela. Compreenda que sua casa, seu negócio, os relacionamentos e sua vida social têm lugar na Mente Infinita com Sua Inteligência Infinita. Essa mesma Inteligência está na sua mente. Portanto, você começará a olhar para o mundo a partir de um novo ponto de vista, e as ideias necessárias para colocar as coisas em ordem lhe serão reveladas. Fazer isso promove uma nova apreciação da vida. A tensão cederá, e as sérias preocupações deixarão de existir. Você reorganizou os padrões mentais e tem uma vida mais plena.

A privação grave, ou o medo dela, o impedirá de atingir a plena autoexpressão. Você não poderá ser a pessoa livre que deseja ser. Ela limita sua criatividade e o mantém focado em direções erradas. Se for esse seu problema, agora é o momento de fazer algo a respeito. Tome a decisão de ficar livre de toda privação e limitação atual, que não existirá mais em seu futuro. É preciso que seja uma decisão muito sincera, cercada pelos mais profundos sentimentos. Após tomar essa decisão, faça afirmações com as seguintes:

> Não existe nenhum motivo para que haja desordem no meu mundo. O meu mundo está no mundo de Deus. O mundo de Deus é governado pela lei e pela ordem, e o meu também. Expresso agora a ordem e a sabedoria do espírito. Minha decisão de ficar livre de toda privação e de todo medo da privação é definitiva. Ideias de pobreza não funcionarão mais em minha mente subconsciente. Autorizo neste momento meu subconsciente a neutralizar todos esses padrões de hábito. Eles não existem mais. No lugar deles, autorizo padrões de dinheiro e prosperidade saudáveis. Esses novos padrões são espirituais e estão em ação em mim agora. Sei que as coisas são assim e ajo como se fossem. Sou uma pessoa livre, criativa e próspera, inspirada pelas ideias criativas que me impelem a praticar a ação correta que produz resultados corretos.

A mente subconsciente acolhe favoravelmente esse tratamento porque está sempre em estado de expectativa. Trata-se de uma mente receptora. Devido à sua natureza, ela precisa agir como lei de receptividade porque não pode se recusar a aceitar o que você coloca nela. Por não ser consciente, a mente subconsciente não tem como saber o que você insere nela; ela só sabe o que fazer com o material que você lhe entrega. Quanto mais observar suas disposições de ânimo, atitudes, hábitos e ideias dominantes, e impedir que tudo o que é fundamentalmente negativo subsista na esfera de sua atenção, mais abundante e plena será sua prosperidade. Conheço centenas de pessoas que modificaram padrões antiquíssimos de dívida e privação por meio desses métodos. Os padrões não mudaram com rapidez e facilidade. A decisão de prosperar, seguida da observação atenta da mente consciente e da mente subconsciente e, ainda, a recusa persistente em deixar que os estados negativos continuassem, pouco a pouco iluminaram a situação, e o resultado foi uma experiência mais ampla e, com certeza, mais livre.

EXPECTATIVAS

Examine as próprias expectativas. Elas lhe dirão se sua mente é saudável. As expectativas são como um barômetro mental: indicam padrões de pensamento do subconsciente. Elas apontarão onde há necessidade de se promover mudanças. Pergunte a si mesmo o que realmente espera que aconteça em sua vida no momento atual. Anote as respostas por escrito. À medida que os dias forem passando, você poderá se surpreender com o que de fato deseja lá no fundo. A mente subconsciente talvez contenha muita coisa que você não deseja. São necessárias expectativas saudáveis para se ter uma mente saudável. É provável que não esteja esperando o bastante da vida. Talvez tenha se tornado mentalmente embotado sem se dar conta disso. Você pode ter deixado que insucessos sem importância e uma rotina monótona tomassem conta de áreas de seu pensamento. Se esse for o caso, é chegada a hora da mudança.

Por que motivo você deixou de esperar o que há de melhor e mais magnífico na vida? Coexistimos em uma generosidade divina que aguarda apenas nossa aceitação, que é mental e começa com um desejo, uma decisão e expectativa. Ninguém é jovem ou velho demais para esperar coisas notáveis. Ninguém é pobre ou rico demais para esperar coisas magníficas. Se estiver doente, parta do princípio de que vai ficar bom. Se for infeliz, tenha a expectativa de que será feliz. Nenhum poder externo exige sua infelicidade. A Vida quer que você seja saudável, feliz e livre para fazer o que bem entender. Enquanto escrevo estas linhas, minha expectativa é de que este livro seja excelente. Espero que ele venda no mundo inteiro, e que milhares de pessoas que provavelmente jamais virei a conhecer leiam-no e tirem proveito dele. Sei o que quero fazer acontecer, de modo que é o que acontecerá.

Examine com frequência sua lista de expectativas. Elas indicam o que você receberá da vida no momento atual. Regozije-se com expectativas positivas e permita a expansão delas. Sonhe acordado pensando a respeito. Alimente-as com seu pensamento criativo. Antegoze a realização delas. Fique atento a qualquer indicação de que estão trazendo resultados. Jesus disse: "Estes sinais hão de acompanhar aqueles que creem" (Marcos, 16:17). Verifique também as expectativas de má sorte, contínua limitação e provável fracasso nas diversas áreas da vida. Trabalhe nelas, pois são indícios de perigo. Elas indicam problemas que poderão surgir porque a mente subconsciente está em posse de um conteúdo que possibilita sua realização. Expectativas assim precisam ser anuladas com autoridade mental. Não deixe que se demorem nos corredores da mente. Recorra ao trabalho espiritual para neutralizá-las e criar equivalentes positivos.

Você poderá descobrir que se sente bem à vontade com suas expectativas limitadas. Elas têm tido poder e autoridade em sua mente durante anos. É provável que você nem mesmo se dava conta de que esses padrões habitavam seu subconsciente. Portanto, quanto mais cedo praticar a ação espiritual e mental correta para modificar os padrões, melhor. Eles representam possibilidades de problemas. São minas subconscientes prontas para explodir, só à espera de virem à tona. E, quando o fizerem, você poderá comentar que a experiência é exatamente o que esperava o tempo todo. A verdade tornou-se fato. A frase "aconteceu exatamente o que eu esperava" raramente é usada quando coisas boas acontecem. Em geral, é reservada para declarar o surgimento de um problema. O tom que acompanha as palavras é de satisfação, como se a pessoa provasse a si mesma que tinha razão. Provavelmente ela desconhece que demonstrou a validade desse ensinamento, só que na vertente negativa. A mente dessa pessoa lhe trouxe o que foi subconscientemente planejando, em decorrência do conteúdo negativo colocado lá. Trata-se de um sucesso negativo. A decisão inconsciente de ter um problema fez com que este se concretizasse.

Agora você já conhece a lei da expectativa mental e é livre para usá-la em benefício de uma vida mais plena e abundante. Não há necessidade de prosseguir com o que tem feito até agora, a não ser que goste da maneira como sua vida está fluindo. Nesse caso, seus propósitos, senso de prosperidade e expectativas estão certos e adequados. No entanto, se desejar mais, agora você já possui as informações de que necessita para viver uma existência plena. Outros já a vivenciam, e o melhor a fazer é se unir àqueles que mantêm esplêndidas expectativas.

Você é um agente livre no que diz respeito à própria mente. Apenas você pode decidir o que vai lhe acontecer. Essa é a responsabilidade de viver. Para uma pessoa, ela pode abrir a porta que dá para limitações e frustrações. Para outra, a porta mais larga, que dá para a liberdade, o crescimento e a verdadeira prosperidade – a capacidade de fazer o que se quer, quando se quer. Um dos meus versículos favoritos da Bíblia é este: "Tanto as riquezas quanto a honra vêm de ti, e tu reinas sobre tudo" (1 Crônicas, 29:12). Acredito que o Infinito deseja que cada pessoa seja livre em sua experiência e a controle. O Espírito em você aguarda seu reconhecimento.

CAPÍTULO 6

Decida ser saudável

Pratico a cura pela mente espiritual há mais de cinquenta anos. Devido aos numerosos anos de prática, sou considerado uma das principais autoridades nessa área. Conheço-a profundamente. O público em geral sempre foi cético com relação à cura mental porque nunca se deu o trabalho de estudar a ciência que lhe dá base. As pessoas acham mais fácil ridicularizá-la do que investigá-la. Acreditam que é mais útil lançar mão de remédios ou se submeter a cirurgias do que modificar os padrões subconscientes básicos de convicção, e, para elas, isso é verdade.

A cura pela mente espiritual nunca competirá realmente com a prática da medicina convencional porque seu atrativo se limita às pessoas que encaram a vida como experiência espiritual. No mundo bem-sucedido de hoje, estas últimas são muito escassas. De modo geral, quase todas as pessoas transferiram a fé em Deus para a fé no talão de cheque. Deste, elas têm certeza; quanto a Deus, já não têm tanta. Podem ou não acreditar Nele. O talão de cheque lhes garante excelente assistência médica, de modo que, em geral, ele sai ganhando.

Apesar disso, milhares de pessoas acreditam e praticam a cura mental com excelentes resultados. São em geral quietas e educadas, e não proclamam aos quatro ventos suas convicções e curas, tampouco as anunciam nas esquinas. Têm certeza do que sabem ser verdadeiro e confiam nos próprios métodos. Outras combinam sua fé com a assistência médica quando a gravidade da doença faz com que essa atitude seja considerada eficaz. Não existe nenhum conflito entre o sistema de cura pela mente espiritual e a medicina convencional na opinião da maioria dos metafísicos modernos.

Cem anos atrás, as coisas eram diferentes. A medicina não estava tão avançada quanto nos dias de hoje. Os metafísicos a rejeitavam e condenavam. Tinham confiança total na cura mental, e qualquer pessoa que não concordasse com eles era considerada um inimigo. Eles eram agressivos, dinâmicos e inflexíveis. Tudo isso mudou devido ao tremendo progresso na área da medicina. Seus métodos não podem mais ser condenados. A medicina moderna conquistou o direito de ser respeitada. Os programas de pesquisa revelam anualmente métodos novos e aprimorados de lidar com doenças físicas e emocionais.

Estou especialmente interessado no surgimento da medicina psicossomática. Gostaria que pesquisas mais amplas pudessem ser realizadas com maior rapidez. Como todos os avanços na medicina organizada, as autoridades tomam cuidado em não fazer afirmações, mas indicam áreas de doenças que parecem ter origem psicossomática e respondem a tratamento psicossomático. Acredito firmemente que pesquisas adicionais nessa área vão revelar que um grande número de doenças tem causa mental e emocional. O dr. Franz Alexander, de Chicago, e o dr. Flanders, de Nova York, especialistas pioneiros em doenças psicossomáticas, revelaram descobertas bastante valiosas sobre a causa subconsciente de doenças em algumas áreas. Estou certo de que há outras pesquisas em andamento, e interessantes revelações surgirão dessa área.

A SAÚDE É UMA CONDIÇÃO NORMAL

Quando estamos bem, devemos louvar nossa saúde. Em geral, a saúde é aceita como coisa natural; as pessoas não pensam realmente sobre ela. O primeiro sintoma de doença faz a vítima entrar em pânico, com uma falsa expectativa. É fácil perceber que a saúde é normal e a doença é anormal porque dedicamos enorme atenção à doença e pouquíssima à saúde. Por conhecer o poder da mente como conhecemos, essa atitude é errada. Todas as coisas respondem ao autorreconhecimento, inclusive a saúde.

Quando você executa um bom trabalho em qualquer área, gosta de ser elogiado, de receber reconhecimento. Tenho quase certeza de que a saúde e o bem-estar também gostariam de ser reconhecidos. Sugiro que você repita o seguinte texto em voz alta:

> Existe um único Manancial, uma única Causa, uma única Vida e uma única Mente, que é Deus. A minha saúde e o meu bem-estar são essa Vida única funcionando livremente em mim. Louvo essa saúde. Regozijo-me nessa saúde, eu sou essa saúde, que é espiritual, perfeita e livre. Nenhuma culpa ou medo que possa existir em meu subconsciente é capaz de interromper ou afetar essa saúde. Declaro a permanência dela, ao mesmo tempo que sei que o Espírito dentro de mim é permanente.

Quanto mais imprimir na mente subconsciente a normalidade e o valor da saúde, mas seguro ficará nela. Parto do princípio de que você está ao mesmo tempo vivendo uma existência saudável, porque nada disso terá valor se estiver desobedecendo às rotinas gerais óbvias de vida saudável. A vida é uma ciência, e é preciso seguir suas leis para continuar a viver com saúde.

AUTORIZE SUA SAÚDE

Aprendi em meus anos de experiência que não sou capaz de ajudar ninguém se a pessoa não tiver resolvido ficar curada, se não acreditar que a saúde é uma condição normal e se não considerar seu problema físico desnecessário. Esse é primeiro passo em direção a qualquer tipo de cura física por intermédio de métodos mentais e emocionais. Você pode achar que as pessoas que buscam a cura por intermédio da mente espiritual são sempre decididas. De modo nenhum. Não raro, elas me procuram com esperança, mas esperança não é decisão, e sim um paliativo. De fato, penso que esperança é em geral uma ilusão.

Quem busca a própria saúde precisa decidir ficar bom antes que qualquer terapia espiritual comece a produzir resultados nela. Outro fator de igual importância é a expectativa de ficar saudável. Quando alguém me procura com esses dois fatores claramente determinados na consciência, em geral obtenho resultado. A pessoa desprovida de entusiasmo deve recorrer aos recursos materiais. As entusiásticas devem se valer da metafísica, porque, para elas, vai funcionar. No passado, recorrendo ao aconselhamento, tentei inculcar, nas pessoas que entravam no consultório com um interesse morno, a decisão de ficarem curadas. No entanto, não faço mais isso, pelo simples fato de não funcionar — a pessoa toma a decisão motivada apenas pelos meus argumentos, de modo que a decisão continua não sendo dela. Trata-se de uma decisão minha aceita um tanto casualmente, porque ela me considera uma figura de autoridade. Não funciona. Muita gente não pode ser ajudada ou curada por métodos mentais porque se recusa a assumir a responsabilidade de tomar a própria decisão com relação à saúde.

A mente subconsciente, que é o sistema operante do corpo, não pode começar a criar um corpo saudável enquanto a mente consciente não agir de modo assertivo sobre a decisão quanto à saúde. A mente subconsciente está ocupada há semanas, meses ou até mesmo anos, formando gradualmente um corpo doente. Ela continuará a manter esses padrões de doença até receber uma ordem clara e significativa da mente consciente determinando que pare. É por esse motivo que a esperança não funciona. Ela não tem autoridade; carece do intenso impacto emocional de que o subconsciente necessita para reverter seu funcionamento.

Reverter padrões automáticos de pensamento no subconsciente não é um empreendimento fácil, porque esses padrões encerram profundos impulsos emocionais. A mecânica e a energia foram configuradas para avançar em determinada direção a fim de produzir ou manter um resultado, a saber, a doença. Redirecionar padrões com a energia voltada a uma direção exatamente oposta para produzir saúde requer boa dose de determinação. Requer raciocínio claro da parte da mente consciente. Você não pode raciocinar com clareza enquanto não tiver tomado uma decisão. Quando isso acontecer, a decisão dissipa a névoa mental e um raciocínio preciso se instala em seu lugar. Não estou tentando fazer com que o processo de cura mental pareça um trabalho árduo; apenas expresso a seriedade da decisão.

A cura metafísica moderna surgiu por volta de 1860. Os primeiros professores, que eram os únicos pesquisadores existentes na época, realizaram curas impressionantes. Phineas P. Quimby, Mary Baker Eddy, Emma Curtis Hopkins, Charles Fillmore e Nona Brooks são apenas algumas das numerosas pessoas que podiam olhar diretamente para qualquer doença e saber que ela não existia. O sr. Fillmore e a srta. Brooks eram queridos amigos meus. Com frequência, pedia-lhes que me contassem sobre os primeiros dias desses ensinamentos.

Lembro-me vividamente de uma noite em Denver, Colorado. A srta. Brooks, mais tarde conhecida como dra. Nona Brooks, me convidara para ir à sua casa. (Ela e as duas irmãs tinham fundado o Divine Science College e o Divine Science Church. No início, obtiveram curas tão extraordinárias que ficaram conhecidas nos arredores como "agentes de cura de Denver".) Quando solicitei que me falasse dos primeiros dias de seu ministério na igreja, ela me contou a seguinte história sobre uma cura que acreditava ter ocorrido em 1897.

Todos os verões, ela e as irmãs saíam de férias e iam para a casa de veraneio nas montanhas próximas a Denver. Certo dia, um agricultor vizinho entrou correndo na casa e disse: "Senhorita Brooks, precisa vir imediatamente à minha casa. Minha mulher caiu e quebrou a perna". Ela não hesitou sequer um instante. Selou o cavalo e galopou até a propriedade do vizinho, onde encontrou a mulher em forte agonia. A srta. Brooks se sentou à cabeceira da cama, fechou os olhos e aplicou na mulher um tratamento pela mente espiritual. Enquanto o aplicava, ouviu os ossos voltando ao lugar. Quando terminou o tratamento, a mulher declarou que não estava mais sentindo dor. A srta. Brooks recomendou à mulher que descansasse um pouco e avisou que voltaria no dia seguinte. Quando no outro dia a srta. Brooks chegou à fazenda vizinha, a mulher estava de pé envolvida com seus afazeres domésticos. A srta. Brooks me disse: "Não me surpreendi nem um pouco com a situação. Era o que eu esperava".

Era o que ela esperava. Ela estava tão certa de que poderia fazer o que fez, que jamais lhe passou pela cabeça que não pudesse. Assim sendo, foi feito. Perguntei-lhe se ela ou alguns dos praticantes treinados seriam capazes de realizar aquele tipo de coisa hoje em dia. A resposta foi que uma cura tão impressionante quanto aquela seria uma raridade no mundo atual. O médico mais próximo da mulher acidentada estava a 50 quilômetros de distância, portanto a srta. Brooks sabia que ela teria, obrigatoriamente, de ser o agente de cura da mulher. Tendo tomado essa decisão, seu raciocínio foi claro e preciso, e a expectativa de que a Inteligência Divina na paciente responderia à altura causou a cura.

As pessoas são condicionadas hoje em dia. Temos perto de nós médicos excelentes, ambulâncias e hospitais onde os melhores equipamentos estão disponíveis. Todos sabem disso. As convicções mentais existentes em quem procura ajuda médica atualmente são bem diferentes das de 1897. Decidir ser saudável por intermédio da metafísica exige muita perseverança. Milhares de pessoas tomam essa decisão, e gente treinada como eu é capaz de lhes desobstruir a consciência e livrar seu corpo da doença.

O corpo sempre responde às suas convicções a respeito dele. Isso é verdade porque a mente subconsciente só pode criar com base em suas convicções, e não nas de outra pessoa. Todos ao redor de alguém doente desejam que ele se recupere, mas as convicções alheias não podem curar quem está enfermo. Desejos bem-intencionados de outros não causam nenhum efeito sobre a mente subconsciente do doente. Apenas a mente dele, consciente ou subconscientemente, deve tomar a decisão de ser saudável. Como o subconsciente de quem está enfermo vem trabalhando há algum tempo com os padrões emocionais que causam a doença, ele continuará a fazer o mesmo, até que uma nova série de intensos padrões de pensamento seja introduzida nele para redirecionar o processo emocional inconsciente.

Com frequência, existe no paciente uma tímida decisão consciente de restabelecimento, que coexiste com determinada decisão subconsciente de permanecer doente. O subconsciente sempre vence. Isso vale para qualquer área da vida, mas é exato em particular quando se trata da saúde.

A SAÚDE É ESPIRITUAL

A ciência descrita neste livro se baseia em uma crença clara e distinta em Deus. Se você não acreditar em algo que possa eleger chamar de Deus, esse ensinamento não poderá ajudá-lo. Enfrentemos o fato de que existem muitas pessoas que efetivamente não acreditam em Deus. Elas podem pensar que acreditam. Podem proclamar uma afiliação religiosa. Podem até mesmo frequentar de vez em quando uma igreja ou templo. No entanto, bem no fundo do mundo de verdadeiras convicções, não acreditam em nada que seja espiritual. Aceitam o universo factual como sendo genuíno. Acreditam que a ciência acadêmica explica tudo, sem fazer nenhum tentativa de descobrir se isso é ou não verdade. Elas estão ocupadas ganhando dinheiro, pagando contas e procurando aproveitar suas experiências.

O fato de não acreditar em Deus não parece causar nenhum dano a essas pessoas. A maioria delas é honesta, digna e criativa. Podem usar a igreja para batismos, casamentos e enterros, mas essas ocasiões são praticamente as únicas. Em minha opinião, estão deixando escapar uma excelente experiência de crescimento. A teologia não é Deus. Muitas pessoas confundem teologia com Deus. O homem é espiritual por natureza, e, quando ele tem interesse em ideias espirituais, logo descobre diversas coisas a respeito de si mesmo que desconhecia anteriormente. Sente um profundo apoio em si mesmo, oriundo de si mesmo. Ele não pensa mais que é apenas corpo, emoções e mente. Ele enxerga uma razão para sua existência.

Não somos a própria causa, tampouco acidentes biológicos da natureza. Somos a expressão, projeção e manifestação de uma ideia mais abrangente. A evolução explica o desenvolvimento do homem, mas não sua causa. A definição material do indivíduo não explica por que Bach compôs uma música magnífica ou por que Shakespeare escreveu peças notáveis. Os estudos científicos do corpo, da hereditariedade, do ambiente e da educação do homem não revelam o que faz com que um quadro magnífico seja pintado ou uma música notável seja composta. Apenas o espírito do homem pode fazer essas coisas, e, se o espírito se encontra em qualquer pessoa, ele está em todo mundo. Somos todos instrumentos de um espírito, uma causa e uma inteligência, que é Deus.

Deus se expressa em nosso corpo como vida e saúde. Qualquer estudo do corpo e da saúde revelam uma extraordinária inteligência em ação. Essa inteligência é a Inteligência Divina. Ela pode curar o corpo quando é corretamente conhecida e conduzida de modo positivo. Também pode curar o corpo depois da cirurgia ou de outras intervenções da medicina convencional. Sugiro que você use as frases a seguir para tomar conhecimento desse fato.

Existe uma única Vida, Deus, e essa Vida agora é minha vida. A Mente que criou o meu corpo é a Mente que sustenta meu corpo. Ela sabe exatamente o que fazer para me manter saudável. Afirmo a ação perfeita da vida. Louvo minha saúde porque ela é de Deus. A Inteligência me alerta sobre todas as maneiras de manter e expandir minha saúde. Minha mente subconsciente aceita essas afirmações e age em função delas.

O reconhecimento espiritual de sua saúde é um grande passo na direção de qualquer cura. É uma premissa necessária para que use o tratamento espiritual, ou a prece positiva, como forma de restabelecimento. O fato de reconhecer esse fato faz com que o processo da saúde inicie o trabalho perfeito dele. É impossível enfatizar em excesso na mente o fato que Deus é vida, saúde, ação perfeita, força e vitalidade. A repetição de afirmações como essa faz com que a sua mente subconsciente reaja de maneira correspondente.

PARE DE ACEITAR A DOENÇA COMO ALGO NORMAL

A doença é uma anormalidade que funciona em um sistema corporal carente de normalidade, a fim de expressar a vida criativa. A doença possui psicologia própria. Ela não apenas condiciona o corpo como também a mente. Cria estranhas peculiaridades em nossa consciência. Geralmente absorve o grosso de nossa atenção, e todas as decisões são tomadas em função do que está errado conosco. A maioria das pessoas parece ter um fascínio mórbido pelos métodos da doença. Esta as mantém sob seu domínio com muita facilidade, e elas permanecem sem enxergar as coisas corretamente. A doença distorce e modifica o ponto de vista do enfermo.

Esposas me disseram que não conseguem entender a atitude do marido quando este está doente. Maridos me dizem a mesma coisa a respeito da mulher. Quando doentes, as pessoas se tornam totalmente egocêntricas. Não raro, tornam-se tiranos mesquinhos que governam toda a família a partir do quarto. Querem e exigem atenção, e geralmente a obtêm. Muitas pessoas gostam de ficar doentes. São férias remuneradas do emprego. Recebem de presente flores, bombons e água-de-colônia. A correspondência aumenta de repente, e recebem cartões com manifestações de pronto restabelecimento, os quais são expostos no quarto. São o centro da atenção e preocupação de todo mundo.

Pessoas doentes com frequência tiram vantagem da doença. Elas, consciente ou talvez inconscientemente, aceitam as coisas boas que acompanham seus problemas. No subconsciente, desejam se agarrar à doença devido aos numerosos benefícios adicionais a ela associados. A ideia de voltar ao trabalho não é agradável. A ideia de ter de preparar as próprias refeições e lavar a louça deve ser evitada a todo custo. Têm a necessidade subconsciente de se sentir importantes, e essa necessidade é satisfeita pela atenção que recebem. Quanto mais a doença se prolonga, mais profundamente o paciente mergulha na autocomiseração, enquanto cria mentalmente novas maneiras de obter atenção.

Essas pessoas precisam de um solavanco espiritual. Elas aceitaram a doença como normal. Rezam para que Deus lhes devolva a saúde enquanto subconscientemente têm esperança de permanecer doentes. Na realidade, não querem ficar boas por completo e assumir as responsabilidades que acompanham a saúde efetiva.

Você precisa conhecer Deus como saúde, e a saúde como algo normal. Precisa decidir que vai ser saudável. Tão logo tome essa decisão com sinceridade, as forças espirituais em sua mente e corpo entrarão em ação. A saúde é um sistema do *sim* e a doença em um sistema do *não*. A vida reage ao pensamento afirmativo. Ela flui por onde os canais se encontram abertos, e o pensamento afirmativo abre esses canais.

A vida o criou a partir de Si Mesma para que possa desfrutar a experiência de viver na saúde e com bem-estar. Não existe agora, nem nunca existiu, um desígnio espiritual da doença. Ninguém jamais obteve melhora espiritual ficando doente. Você pode fazer uma pausa, mas não se sentirá melhor. Quando começar a pensar como Ela está pensando, sua recuperação é certa. Existe uma abundância espiritual de poder de cura dentro de você que aguarda sua invocação positiva. Ele inicia seu exímio trabalho assim que você decidir ser saudável e pensar como a saúde pensaria.

PENSANDO COM SAÚDE

A não ser que seja gravemente neurótico, sua mente pensará a respeito de qualquer coisa na qual você queira pensar. Você é o único pensador em sua mente. Lamentavelmente, para muitas pessoas a saúde não é tão fascinante quanto a doença. É difícil definir a saúde de outra maneira que não seja uma sensação geral de bem-estar. Ela não pode ser medida pela frequência de pulso, termômetro ou eletrocardiograma.

A mente saudável é fundamental para que o corpo permaneça saudável. Você talvez não consiga pensar na saúde como *saúde*, mas pode pensar em muitas coisas a partir de uma perspectiva saudável. A mente saudável é aquela que efetivamente acredita que existe mais bem do que mal neste mundo. A mente saudável acredita que o número de pessoas boas é maior do que o de pessoas más. A mente saudável supõe que a ação correta ocorre neste momento e, quando descobre que isso não é verdade, permanece impávida. Toma medidas para corrigir a situação sem medo nem intensas preocupações. Jamais se atola em perigosos pensamentos negativos. Tem confiança em si mesma e na própria capacidade de lidar com os problemas do dia a dia.

Essa mente saudável pode ser sua neste exato momento. Se você não tem uma mente assim, pode desenvolvê-la gradualmente. Coloque a atenção em coisas e pessoas construtivas no seu mundo e pense a respeito delas. Observe-as. Use a imaginação para que essa nova maneira de pensar permaneça vital e fascinante. Leia livros e revistas inspiradores. Comece afirmando a si mesmo que tem uma mente saudável em um corpo saudável, e vive uma experiência saudável. Declare isso com frequência. Você está afirmando uma verdade, que se tornará evidente em você. Ela produzirá frutos da própria espécie.

Observe as conversas que tem com as pessoas. Elas revelarão se você tem ou não a mente saudável. Se expandir qualquer ideia negativa nas conversas, está no caminho errado. Minimize tudo o que é negativo. Se o assunto precisar ser discutido, faça-o da maneira mais breve possível e com o mínimo de emoção. Volte-se então para algum tema agradável, criativo ou positivo, e recomece a conversa em outro sentido. Eis uma citação da Bíblia sobre esta questão: "Quem guarda a boca e a língua, preserva a alma de dificuldades" (Provérbios, 21:23). O que você diz evidencia o que você é. A mente saudável não desconsidera condições negativas; apenas toma medidas para superá-las. Não há necessidade de ficar irritado com coisas a respeito das quais nada pode ser feito. Reserve a atenção mental para ideias criativas que o estimulem.

A IMAGEM DA SAÚDE

Use a imaginação para visualizar a si mesmo e a todas as pessoas que conhece como a personificação viva da saúde, da vitalidade e da perfeição. A imaginação é uma força poderosa para a criação do bem. Ela é a pérola de valor inestimável entre todas as outras notáveis faculdades da mente, conferindo forma e contorno às ideias. Ela retira o conceito ou ideia de uma esfera nebulosa e a traz para a visualização efetiva. Formar imagens mentais de si mesmo como alguém saudável é uma ferramenta vital para recuperar ou manter a saúde.

O poder de sua imaginação é extraordinário. Você já se observou usando-a para ampliar aspectos negativos. Agora, empregue-a para expandir a consciência de bem-estar. Talvez você nunca tenha se imaginado como detentor de uma saúde vital. Neste exato momento, pense nisso e comece a criar essa imagem. Feche os olhos e imagine que é um ser completo e radiante. Isso talvez dê certo trabalho. Insira ação nessa imagem de si mesmo. A saúde é a capacidade de agir. Veja a si mesmo atingindo algum objetivo com facilidade.

Além disso, ao fazer a visualização da saúde, não inclua nenhuma limitação física que possa ter atualmente. Torne a imagem perfeita de todas as maneiras. Vislumbre jovialidade, visão perfeita, audição perfeita e todas as outras ações e reações do corpo como completas e perfeitas. Não inclua limitações. Você está se vendo agora como foi criado para ser. Apague todo e qualquer condicionamento de idade. Por um momento, esqueça como realmente é. Essa imagem, quando mantida na mente durante alguns instantes, encerra enorme poder terapêutico.

Sua mente subconsciente acolhe favoravelmente essa nova imagem. Como você a criou de modo consciente, ela é uma diretiva para a esfera subconsciente de ação criativa. Fazer isso uma ou duas vezes por dia acrescenta poder à decisão de ser saudável. Essa prática logo se tornará uma verdadeira inspiração, e você vai achar simples e fácil criar essa imagem. Pergunte a si mesmo qual seria sua aparência, como você se sentiria e o que faria sendo alguém completamente saudável. À medida que essa prática se tornar habitual, não passará mais pela sua cabeça se visualizar de outra maneira.

Na realidade, essa prática mental reduz seu interesse por qualquer tipo de doença. Agora, quando espirrar, não vai mais achar que está pegando uma pneumonia. Você compreende que espirrar é uma maneira saudável de manter os canais abertos. A lembrança de doenças anteriores também diminui. Você se dá conta de que não tem o menor interesse nos antigos problemas de saúde e gostaria que as outras pessoas parassem de falar com você a respeito dos delas. A nova imagem saudável também aumenta o vocabulário de saúde. Procure a palavra *saúde* em um dicionário e, em seguida, examine o significado de todos os seus sinônimos. Alguns momentos reservados a essa atividade lhe apresentarão ideias estimulantes.

Agora você trabalha do lado positivo, o que efetua mudanças nas suas conversas com amigos e parentes. Você já não desperdiça nem mesmo dez minutos falando a respeito da falta de saúde vital, e tem menos paciência com aqueles que querem lhe descrever seus sintomas. O mundo da saúde é fascinante. Ele tem imagens mentais, decisões vantajosas e vocabulário específicos. Agora você se sente à vontade nesse novo mundo da saúde, e é dominado por uma enorme paz e uma incrível sensação de bem-estar.

Em determinadas ocasiões, poderá ter de lidar com uma doença física leve ou grave, mas agora está espiritualmente munido para enfrentar a situação sem medo nem falsas especulações. Você sabe que o problema é temporário, e sua atitude é tal que ele não poderá perdurar. Ele não é bem-vindo em sua consciência, e você o elimina com a decisão firme de que não poderá existir. Você sabe que a mentira nunca é a verdade. O processo de cura envolve enfrentar a mentira da doença com a verdade da saúde. Você se visualiza como a verdade da saúde e mantém essa imagem ativada na imaginação. Isso livra o subconsciente de todo o medo, e ele então se põe a produzir saúde, já que precisa gerar aquilo que você imagina sistematicamente.

Você perdeu o interesse pela comiseração. Não a busca mais nos outros e tem dificuldade em oferecê-la. Sua vontade é dizer à pessoa que está doente que ela deve modificar a imagem que tem de si mesma. Provavelmente você não fará isso, porque a pessoa ficaria ressentida, de modo que não cede a essa tentação, embora a ideia lhe passe pela cabeça. Pouco a pouco, os outros passam a pensar em você como alguém fundamentalmente saudável. Reparam que você está com um aspecto saudável. Involuntariamente, o fato de irradiar saúde faz com que os outros lhe falem menos sobre doenças. Quando estão na sua presença, agora as pessoas conversam sobre outra coisa. O espírito dentro delas é estimulado pelo seu conhecimento da saúde. Na realidade, as pessoas que reclamam sem parar passarão a se sentir mal na sua presença. O estado saudável que você decidiu manter permanentemente poderá causar algumas mudanças nos seus relacionamentos pessoais. Quem se queixa de modo crônico, gradualmente, vai se afastar de sua vida, e outras pessoas, tão propensas a ser saudáveis quanto você, entrarão nela. Você constatará que se encontra em uma saudável associação de mentes afins.

A VERDADEIRA SAÚDE NÃO É UMA MODA PASSAGEIRA

A verdadeira saúde se baseia no princípio de que Deus é Vida, e que essa Vida agora é a sua vida. Você não a criou e tampouco pode destruí-la. Mesmo que esteja doente, o seu padrão de saúde permanece como padrão espiritual na mente subconsciente. Ele aguarda que você o reconheça e tome a decisão de que o deseja novamente operante. A doença nunca destroi a saúde. Ela só pode fazer com que a saúde se recolha e fique oculta, aguardando ser reativada. Você não pode destruir um padrão espiritual. A Mente Mais Abrangente criou esse padrão e o individualizou em você. Ele pode ser desprezado ou até mesmo negado, mas não destruído.

Com frequência, menciono aos doentes o padrão de saúde que têm dentro de si. Em geral, eles ficam constrangidos com esse tipo de conversa e desejam que eu mude de assunte e volte a falar sobre os sintomas. De vez em quando, muito raramente, eles me escutam e começam a pensar no assunto. Perguntam por que o padrão de saúde divinamente criado não os está curando, se é que digo mesmo a verdade. Tenho então de lhes explicar o princípio da decisão. Eles retrucam declarando que não decidiram ficar doentes. Não pediram para ficar doentes. Não estavam nem mesmo pensando em ficar doentes. Lembro a eles que também não planejavam ser saudáveis, fortes e vigorosos, tampouco tinham voltado os pensamentos para esse objetivo. Em seguida, olho para o meu relógio e arranjo uma desculpa para ir embora. Ocasionalmente, essas pessoas refletem um pouco sobre minhas ideias e, em consequência disso, iniciam o processo subconsciente de cura. A maioria delas fica efetivamente feliz pelo fato de eu ter saído da sala para que pudessem passar a pensar da maneira como querem pensar.

Permanecer em um estado de saúde excelente é uma verdadeira disciplina mental. A reflexão casual e um pensamento agradável ocasional a respeito do assunto são completamente ineficazes. A conservação da saúde requer pensamentos sistemáticos, definidos e específicos para manter toda a consciência individual em nível elevado. Muitas pessoas seguem essas recomendações diariamente e comprovam que são verdadeiras. Tais pessoas são intuitivamente conduzidas aos hábitos adequados para manter a saúde em nível elevado. Elas acompanham o modo de pensar correto com hábitos saudáveis de sono, comendo, bebendo, exercitando-se e divertindo-se corretamente. Jamais cometem excessos. Possuem uma rotina bem equilibrada. Não precisam de dietas rápidas e intensivas, tampouco das chamadas dietas da moda. Sabem intuitivamente o que fazer e também o que pensar, e fazem muito bem essas duas coisas. São espiritualmente motivadas.

Deus quer que você seja saudável. A Mente Divina criou o seu corpo para esse propósito e com esse intuito. A Inteligência Divina está em funcionamento na sua mente quando você afirma que Ela faz exatamente isso. Ela está com toda certeza agindo em função de sua decisão de ser saúde. Você é saúde, não saudável. Você é vida; não está meramente vivo. Você é mente, não apenas um pensador. Você é uma criação especializada com a capacidade de vivenciar a existência de maneira eficaz e abundante. Você não é nem pecador nem santo. É um instrumentos glorioso por meio do qual o Infinito atua sobre o plano do finito. Repita o seguinte texto em voz alta:

> Eu sou saúde. Eu sou a saúde de Deus. E sou vigoroso, forte e criativo. Regozijo-me na minha herança divina de saúde e bem-estar. Louvo a Mente que me criou e penso como essa Mente pensa. Minha intuição me guia corretamente em todos os hábitos de vida correta. Irradio a saúde que eu sou. Minha saúde contagia espiritualmente as outras pessoas. Ando, falo, penso, ajo e amo como saúde. Não tenho nenhum interesse nos adversários da saúde. Eles não têm lugar em minha consciência e nenhum poder em minha experiência. Sou a encarnação viva da saúde do Espírito.

SAÚDE NÃO É O CORPO

Saúde não é o corpo. Ela é um estado de consciência que permeia o corpo, mas não é ele. O corpo não pode tornar a si mesmo doente ou saudável. O corpo é uma esfera de substância impessoal e organizada sem identidade própria. Não possui uma consciência, de modo que não sabe quando está doente ou saudável. Ele age em função da sua consciência. O coração não sabe que é um coração. Seus pés não são sabem que são pés. Sua consciência conhece tanto o coração quanto os pés e atua por intermédio deles. Quando você toma conhecimento do caráter impessoal do corpo e de seu funcionamento, compreende por que a mente, ou consciência, determina sua saúde.

Talvez você acredite que são os hábitos de alimentação, o sono etc. que o fazem adoecer ou o mantêm saudável. Superficialmente, parece ser verdade. No entanto, todas essas coisas são apenas expressão da consciência. A preocupação é uma função da consciência que pode temporariamente perturbar alguém que tenha hábitos de sono excelentes. O medo repentino é uma função da consciência que pode afetar temporariamente, de maneira grave, os sistemas digestório e de eliminação do corpo. A saúde é uma questão interna que depende da saúde mental, e esta depende de ideias corretas e de pontos de vista criativos. Atitudes e padrões emocionais negativos de longa duração, com toda certeza, são a causa de diversas doenças crônicas.

Cuidar bem do corpo, mas deixar de alimentar atitudes mentais saudáveis, não é garantia de que você será saudável. A ação da mente é primordial durante toda a sua existência. Os filósofos sempre afirmaram isso. A metafísica prática atual vem demonstrando isso sem a menor sombra de dúvida. Você é consciência, e tudo o que vivencia resulta da consciência. As ideias são sua posse mais inestimável. As ideias são o alimento de sua consciência, e a consciência está sempre sedenta de ideias. O que você pensa nas dezesseis horas de cada dia em que está desperto determina as ações da consciência.

Se escolhesse ideias que fossem atuar na mente com o mesmo cuidado com que seleciona os alimentos quando vai às compras, você nunca mais ficaria doente. Somos pessoas com *ideias*, não apenas pessoas com *coisas*. Coisas resultam de ideias. A ideia precede a coisa. A saúde é uma ideia na Mente do universo. Você é essa Mente individualizada e essa mesma ideia de saúde encontra-se em sua mente. No entanto, a ideia de saúde precisa ser constantemente ativada pelos processos do pensamento. Depressão, preocupação e tensão impedem a plena operação da ideia de saúde. Esses estados precisam ser reconhecidos e, de alguma maneira, descartados.

As ideias apresentadas neste livro oferecem recursos para que você descarte estados emocionais negativos e os substitua por atitudes criativas baseadas em uma fé fundamental na vida. Você nasceu para ser saudável. Sua consciência foi criada para ser um mecanismo saudável destinado a conduzi-lo em seu mundo, e é o que ela faz quando as ideias inseridas nela são sadias. Apenas você determina quais ideias vão operar na consciência. O fato de ter livre-arbítrio coloca a responsabilidade da saúde mental diretamente sobre seus ombros. Você não pode fugir desse fato. É por esse motivo que afirmei antes, neste capítulo, que você não pode permanecer sistematicamente saudável sem disciplina mental e emocional.

Pouca gente está disposta a conservar a mente em um estado saudável. A maioria quer pensar qualquer coisa que deseje pensar, e é exatamente o que faz. Em consequência, é compreensível que 22,8 milhões de pessoas nos Estados Unidos, por exemplo, tenham gasto 350 milhões de dólares em 1963 em medicamentos, drogas medicinais e médicos para curar um resfriado comum. Elas pensaram o que quiseram pensar. Alimentaram a mente com todo tipo de ideia. Não tentaram controlar o ressentimento, o ciúme, a raiva, a mágoa ou outras formas de emoções negativas. Estavam muito ocupadas levando a vida e ganhando e gastando dinheiro. Estavam atarefadas demais para elevar a mente às alturas, onde atua a inspiração e onde o amor encerra grande poder de cura.

Dizer que essas pessoas não sabiam das coisas é interpretar mal a vida de modo geral. A intuição lhes apresentava sugestões. O espírito de Deus nelas procurava lhes trazer à memória grandes ideias. Deus não deixa de ser Deus apenas porque as pessoas estão ocupadas demais com o mundo das coisas e não conseguem sentir seus impulsos intuitivos. Elas só não estavam interessadas. Esperavam que as vitaminas que tomavam fariam no nível físico o trabalho do qual se esquivavam no nível mental.

DEPENDÊNCIA ESPIRITUAL

Você não pode se retirar da Vida. A Vida o criou a partir de Si Mesma, e Ela nunca deixa de estar na Sua criação. Sua essência é inteligência e amor, pensamento e sentimento. O Deus que o criou é o Deus que você pode ser, porque a totalidade de Deus está em você aguardando reconhecimento e personificação. O pensamento espiritual é pensamento de saúde. É Deus em ação manifestado em você. Não me refiro a um modo de pensar religioso, devoto ou teológico, e sim a um modo de pensar criativo que admite um fluxo de ideias espontâneas na consciência. A vida abundante começa com grandes ideias na mente. A saúde é assegurada quando a consciência não está obstruída por pensamentos e sentimentos negativos.

O salmista escreveu o seguinte: "Pois ainda louvarei aquele que é a saúde do meu semblante, e o meu Deus" (Salmos, 42:11). Eis um conselho sensato para a mente que tomou a decisão da saúde. Essa mente não tem medo da palavra *Deus*. Os costumes do Espírito são os hábitos do pensamento correto. Ideias magníficas agora acenam para você. Siga-as em direção à certeza da saúde.

CAPÍTULO 7

Decida ser criativo

Mente inspirada é mente criativa. Para a maioria das pessoas, a inspiração é coisa de gente envolvida com artes criativas. Todos esperam que poetas, dramaturgos, escritores, compositores e designers sejam seres inspirados. O homem que passa agora na rua não está interessado em ser inspirado e acha que não precisa sê-lo. Trata-se de uma palavra estranha no vocabulário dele. Ele fica apreensivo quando pensa a respeito dela. Sem se dar conta, configurou sua rotina de trabalho, o lar e as atividades sociais de maneira a evitar a inspiração. Criou limites mentais dentro dos quais atua com aparente tranquilidade e ordem. Ele ignora o fato, mas vive apenas parcialmente, embora pareça atarefado.

A inspiração é uma função do Espírito, não do intelecto. Por ser espiritual em sua causa, é inerente à consciência de cada um. Não está reservada a uma minoria favorecida, porque essa minoria não existe. Como afirmei antes, a Economia Divina requer Igualdade Divina. A Mente, em sua infinita capacidade, habita do mesmo modo toda consciência. Talvez eu não saiba tanto quanto outra pessoa sabe, mas minha capacidade de inspiração é igual à dela. É minha linha vital de comunicação com a vida criativa, e apenas quando vivo com criatividade é que sou efetivamente feliz.

A rotina não tende a resultar em felicidade. Ela pode criar eficiência, mas esta é desinteressante e monótona, carecendo de vigor espiritual. Pode até mesmo conduzir a maior sucesso exterior, enquanto nas profundezas do ser existe uma sensação de fracasso. Por vivermos em uma era automatizada, temos tendência de automatizar a mente, como fazemos no lar e no escritório. Organizamos padrões de pensamento para que viabilizem uma vida metódica. Evitamos qualquer ideia que possa nos perturbar. Temos a falsa convicção de que ordem e eficiência nos conferem mais tranquilidade e, sem nos dar conta, tornamos a tranquilidade o objetivo principal da vida – algo que ela não é.

Há alguns anos, um parente distante veio até minha igreja apenas porque visitava Nova York e queria ver como estava me saindo. Na verdade, ele estava mais interessado em verificar o tamanho da congregação e se a igreja era frequentada pelas pessoas certas. Em sua cidade, ele era membro de uma grande igreja e lhe prestara serviço de várias maneiras. Em um domingo, ele ouviu um pouco minha palestra e, mais tarde naquele dia, mencionou duas ideias que eu havia abordado no púlpito. No domingo seguinte, realmente prestou atenção no que eu dizia. Assimilou toda a palestra e ficou fascinado pelas ideias apresentadas. Quando partiu para o aeroporto, comentou que se sentia feliz por voltar para casa. Comentou que, caso me ouvisse falar de novo, acabaria se deixando convencer. No entanto, acrescentou, ele era velho demais para mudar de igreja; desejava morrer na própria congregação. Alguns anos depois, foi exatamente o que aconteceu. Ele não quis se envolver com ideias que poderiam levá-lo a refletir um pouco além das convicções religiosas que já havia aceito.

O fato de não ter adotado minhas ideias não me incomodou nem um pouco. O que me incomodou foi compreender que a mecânica de sua mente estava de tal maneira fixada em rotinas que toda e qualquer ideia inspiradora era inconscientemente rejeitada pela consciência. Ele era um homem próspero e bem-sucedido, um homem bom de acordo com os padrões do mundo. Uso com frequência a frase das Escrituras: "Não havia lugar para eles na estalagem" (Lucas, 2:7), como símbolo de uma mente fechada que não deseja a entrada de novas ideias. Essa é a mente da autossatisfação; sua área de curiosidade foi extinta.

Grandes mestres espirituais advertiram sobre os seguidores do pecado da autossatisfação. A curiosidade é uma ação criativa da mente. Trata-se de uma necessidade para a vida criativa. Ninguém jamais sabe o bastante, assim como ninguém nunca tem o suficiente. O atual mundo de ideias e coisas é formidável, fascinante e aberto a exploração. Oferece a cada indivíduo uma vasta área para investigação, de acordo com suas predileções e atitudes. Ser uma pessoa maçante no mundo atual significa que você, de modo inconsciente, rejeitou a vida e a curiosidade que a acompanha.

Seja qual for o poder que me permitiu a estada neste planeta e nesta época, sou grato pelo fato de ter sido assim. Gosto deste mundo, com seus desafios e oportunidades. O que mais aprecio são os problemas que tenho de enfrentar. Lido com eles com certa inteligência e aprendo demais nessas situações. Gosto de viver sob a lei da expansão mental no processo criativo, que renova incessantemente este meu mundo magnífico. Mantenho viva minha curiosidade. Não sei o bastante nem tenho o suficiente. Vivo em busca, e sempre encontro. Vou batendo, e as portas vão se abrindo.

Estamos na Mente Inexaurível. O Infinito jamais repousa sobre os próprios louros. Nunca para de criar, nem mesmo por um instante. E ele espera que façamos o mesmo. Espera que estejamos plenamente vivos e que usemos a curiosidade para inserir novas ideias na consciência. Deus nunca criou uma pessoa sem graça. Jamais criou um ser comum. Nunca criou alguém satisfeito. Somos um povo em formação; um povo em progresso; um povo em expansão. Somos feitos à imagem e semelhança de um Pensador Infinito que eternamente concebe o novo em uma atmosfera de amor e generosidade. Esse Pensador nunca se recolhe em Si Mesmo, jamais deixa de ser Ele Mesmo. Sua ação em nós é sempre constante, buscando expressão por nosso intermédio. Por nos conhecer corretamente, completamo-nos quando somos nós mesmos no nível mais elevado possível de expansão progressiva. Ideias corretas são sementes que produzem outras mil a partir delas próprias na consciência, e a multiplicação resultante produz, por sua vez, ainda outras para serem aceitas, assimiladas, difundidas e expressas. Esse é o processo celeste da mente, sempre disponível, sempre no aguardo de que o compreendamos.

O processo terreno de condicionamento mental limitado é a consciência habitual da pessoa comum. O céu e a terra são dois lados da mesma Coisa. O céu é o símbolo da consciência em constante expansão de ideias na qual estamos eternamente submersos. A terra simboliza o não enxergar o que pode ser visto, o não vivenciar o que pode ser vivenciado, o deixar de ser o que podemos ser. "Assim na terra como no céu" (Mateus, 6:10) é a grande verdade da existência. Somos o instrumento pelo qual a terra se torna céu. Somos pensadores capazes de direcionar o pensamento. Direcionar o pensamento significa dirigir situações, eventos e condições. Ao direcionar o pensamento com base na premissa de que estamos no céu, tendo desse modo a totalidade da consciência como um mar no qual flutua a consciência, captamos ideias do Infinito, e estas se manifestam por nosso intermédio.

AMPULHETA MENTAL

O símbolo da ampulheta me vem à mente. A parte superior simboliza a infinitude da Consciência com todas as suas ideias. A parte de baixo, o mundo ou cosmo da forma, ou seja, a existência material. A sua consciência é o filtro através do qual as ideias de cima fluem para o mundo inferior. Você é um receptáculo de ideias com o propósito de materializá-las. Se o filtro estiver obstruído, as ideias não fluem através dele. Elas aguardarão que você o desobstrua. O propósito de toda prece e tratamento espiritual é a purificação mental, que reduz a obstrução e possibilita que o céu se manifeste na terra. O trabalho mental espiritual não é repensar o que foi pensado, e sim compreender que, já que o que foi pensado possuía uma natureza obstrutiva, ele não tem lugar na realidade, não tem lugar nessa Consciência, que é Deus; em consequência, na realidade, simplesmente não existe. Somente o que é espiritual existe, e vejam só, o trajeto do fluxo é desobstruído e a terra novamente se torna céu.

É por esse motivo que a sua consciência é o fator determinante da sua experiência. Ela deixa que novas ideias fluam através dela, ou as rejeita por estar obstruída. O medo, a preocupação e outros pensamentos negativos autorizados pela sua indecisão são como o sedimento que gradualmente se acumula em um rio navegável. Chega então o dia em que o sedimento interrompe a navegação ou precisa ser dragado para liberar o canal. Quando você é atingido pelo efeito dos próprios pensamentos, sabe o que precisa ser feito. Nenhum remédio externo será adequado. Nenhuma outra pessoa ou autoridade pode fazê-lo. Você pode protelar, mas o momento da verdade chega quando você começa a desobstruir sua consciência por meio do tratamento espiritual correto.

Não é de surpreender que Jesus tenha dito aos discípulos antes de deixá-los: "Deixo-vos a paz, a minha paz vos dou" (João, 14:27). Ele queria que a consciência deles não fosse obstruída para que o céu pudesse estar na terra, para que o invisível pudesse se tornar visível. As ideias se encontram no ponto filtrante da sua consciência aguardando a sua desobstrução a fim de operar na sua consciência e com isso aparecer no seu mundo. As únicas obstruções são as emoções e os pensamentos negativos. Isso é tudo. Pode ser necessária uma doença, um problema profissional ou uma discussão em família para que você se dê conta disso. Assim que tomar consciência do problema, você pode eliminá-lo. Ao conhecer a verdade, pode se livrar do que não é verdadeiro. A obstrução não é verdadeira. É um pecado no nível mental.

Você é o poder total, a inteligência completa e o potencial de toda ação correta. Pode, portanto, desobstruir as áreas obstruídas da mente. O Manancial de todas as ideias nunca está obstruído. Sua paciência é infinita. Ele não tenta convencer nem pune. Apenas aguarda a mente aberta através da qual possa fluir para reunir céu e terra. O tratamento espiritual remove a dualidade do céu e da terra, e produz a unidade do bem, o modo de viver criativo que deveria ser seu a cada momento. Abra sua mente, expanda o canal navegável para grandes ideias. Eis aí sua saúde, riqueza, amor e plena autoexpressão a custo de nada externo, mas tendo de desistir de mágoas, erros e asserções negativas de honradez, a fim de ser flexível. Sim, a fim de ser a pessoa que você estava destinada a ser desde o início dos tempos. A seguir, veja um tratamento espiritual que desobstruirá sua consciência.

> Existe uma única Mente, Deus, o Manancial e a atividade de todas as ideias criativas. Essa Mente é minha mente agora. Eu sou um só com a Mente e a essência da Existência. Minha consciência é Sua amada criação. Em mim, Deus pensa. Em mim, Deus sente. Sou um canal aberto para todas as ideias espirituais. Minha consciência as acolhe positivamente, e minha mente subconsciente as aceita e age motivada por elas. Não existe em mim nenhuma obstrução mental ou emocional. Tudo o que poderia dificultar o fluxo das ideias de Deus através de mim é agora rejeitado pela minha consciência. Todos os estados negativos são agora apagados e não atuarão mais. Sou agora o instrumento por meio do qual o céu é revelado como terra, e a terra é revelada como céu. Minha consciência não obstruída está agora repleta da ação criativa que produz em minha experiência mais saúde, riqueza, amor e comunicação e completa autoexpressão. Declaro que seja assim. Minha mente subconsciente aceita por completo esse tratamento e age motivada por ele.

VOCÊ NÃO É COMUM

O Infinito não o criou para ser alguém comum. Um enorme número de pessoas, devido à falta de criatividade, se aceitam conforme os cinco sentidos lhes informam que são. Desistem de buscar a vida mais plena que poderiam ter; se ao menos compreendessem que eram destinadas a tê-la. A ciência que compartilho está firmemente convicta de que todos têm um talento em alguma área da vida; basta despertar para esse fato e agir como se ele fosse verdadeiro. Você é mais do que os cinco sentidos lhe informam. Eles não sabem nada a respeito da mente criativa que você tem. Não podem discernir os pontos mais sutis do Espírito. Apresentam fatos, mas apenas fatos do que já está concluído, jamais fatos do que poderá vir a ser. Os fatos do que poderá vir a ser são ideias criativas em sua mente.

Vá até um parque público e passe algum tempo contemplando as árvores. Elas não são comuns. Cada uma é marcante, diferente, tendo a própria personalidade. O poder criativo não criou apenas uma árvore. Sua Ideia de árvore, como todas as Suas outras ideias, envolve uma variedade infinita. Cada árvore desenvolvida encerra total autoexpressão e um caráter único. Não se iguala a nenhuma outra árvore. Agora, pense em sua consciência e pergunte a si mesmo se ela encerra alguma singularidade. Ela contém ideias criativas? Se não contiver, você é como um autômato. O mundo, seus parentes, amigos e chefe lhe dizem o que fazer, e você faz. Eles puxam os cordões da marionete, e ela dança conforme a música deles.

Emerson escreveu o seguinte em seu seu ensaio "Self-Reliance" ("Autoconfiança"): "Aquele que deseja ser um homem deve ser não conformista. Aquele que deseja obter louros imortais não deve ser constrangido pelo nome da bondade e sim investigar se se trata, de fato, de bondade. No final, nada é sagrado, além da integridade da mente". Eis um modo de pensar claro e direto que conduz a uma consciência criativa, para produzir vida criativa. A mensagem desse texto que foi escrito há mais de cem anos é tão vigorosa quanto a brisa do amanhã. Ninguém jamais conhecerá os milhares de pessoas que despertaram para a criatividade apenas ao absorver essas frases. A integridade da mente depende de você saber o que existe nela.

Investigue as áreas de sua vida atual que podem se encaixar no tópico *bondade*. Se forem boas, são criativas. Se forem boas, lidam com o aqui e agora.

E, se forem boas, estimulam a mente em direção a maiores realizações. Se forem boas, o conservarão no bem-estar. Se forem boas, o inspirarão a alcançar mais bondade.

Você poderá descobrir que algumas áreas de sua experiência atual que rotulou de boas são meramente patamares de realização, e você agora está repousando. É por esse motivo que Emerson nos disse para investigar a bondade a fim de verificar se se trata mesmo de bondade, ou se é uma ilusão à qual nos acostumamos. Pode muito bem ser uma rotina confortável na consciência que precisa ser examinada para verificar se existem potenciais de criatividade pelos quais ela possa ser reativada. Se esses potenciais não existirem, ela deve ser vista pelo que é, e algo deve ser feito a respeito. Não é preciso condená-la, mas é fundamental percebê-la como de fato é.

Uma situação nem sempre é boa porque o mundo inteiro acha que é. Na época do Novo Testamento, era considerado muito bom conhecer as preces formais e usá-las em todas as ocasiões. Esse era o esperado de qualquer homem que desejasse ser conhecido na comunidade como um homem bom. Jesus explodiu uma bomba espiritual. Ele afirmou: "Quando orardes, não sejais como os hipócritas: porque eles gostam de orar em pé nas sinagogas e nas esquinas, para serem vistos pelos homens" (Mateus, 6:5). Em seguida, pôs-se a explicar que eles deveriam mergulhar, em silêncio, nas profundezas da própria mente e descobrir o manancial de toda a criatividade. Esse é um exemplo de bondade aparente que não era verdadeira bondade. Tratava-se apenas de um paliativo para parecer respeitável. Era uma bondade falsa, e a sabedoria em Jesus reconheceu esse fato. Ele fez com que seus seguidores enfrentassem corajosamente a si mesmos.

Quase todos nós construímos fortalezas psicológicas na mente para nunca nos considerarmos hipócritas. A palavra em si traz consigo implicações que precisam ser evitadas a todo custo. Essa palavra não é para nós. Somos instruídos demais para ser hipócritas. Estou certo de que ninguém jamais é deliberadamente hipócrita nem planeja sê-lo. Trata-se da aceitação sutil de que uma situação é boa porque o mundo diz que ela é. Repetindo: essa é a maneira mais fácil de viver. Quem é criativo não se acomoda com sua mente, embora possa desfrutar de grande conforto material. Ele faz, sim, um profundo autoexame a fim de não enganar a si mesmo.

Emerson também poderia ter pedido que investigássemos as áreas que chamamos de nocivas ou más, porque elas também precisam ser vasculhadas e avaliadas. Os tabus que nos são transmitidos a partir das tradições de séculos passados podem precisar de estudo à luz de valores e necessidades atuais. Durante séculos, o divórcio foi considerado um pecado mortal. A mulher e o homem divorciado eram tidos como excluídos dos muros da sociedade virtuosa. Enfim, nos últimos cem anos, esse velho tabu foi revisto e foram aceitos pontos de vista novos e diferentes a respeito do assunto. Esse é apenas um dos numerosos supostos males que poderiam ser citados.

Pessoas comuns aceitam o bem que outros lhes dizem ser bom. É assim porque sempre foi assim. É assim porque é mais fácil aceitar que é assim do que fazer uma investigação interior e chegar a conclusões originais. A Mente Infinita não é assim apenas porque Ela sempre foi assim. É assim devido à Sua ação do *agora* em você, como você, que é a ação de novas ideias criativas. Deus não está interessado no que já passou. Ideias comuns praticamente não têm lugar na consciência de pessoas conscientes do Infinito como sendo seu manancial atual e seu verdadeiro eu atual. Elas estão alertas para o efetivo bem criativo que existe em sua experiência, e não se deixam impressionar pelos estados não criativos ainda rotulados de bons.

PENSAMENTO DESPERTO

"Desperta, tu que dormes, e levanta-te dos mortos" (Efésios, 5:14). Nossa mente é embalada para dormir com a nossa aceitação dos padrões do bem e do mal que nos são impostos pelos outros, pela tradição ou pelos padrões atuais do mundo. Na carta de Paulo para os efésios, que acabo de citar, ele estava escrevendo para pessoas que estavam muito vivas e, certamente, não estavam adormecidas na ocasião em que a carta dele foi lida para elas. Quando você está fisicamente adormecido, as funções corporais e mentais são mantidas pela mente subconsciente. A pulsação, circulação e até mesmo os sonhos são subconscientemente determinados. O estado desperto lhe permite usar a mente consciente enquanto a mente subconsciente continua a fazer seu trabalho.

As pessoas adormecidas a que Paulo se referia são as que não usam muito a mente consciente. Elas acompanham o ritmo do mundo. Aceitam as coisas como parecem ser. Questionam pouco. Ideias intensas e cheias de vida não interessam a essas pessoas, que preferem ideias empoeiradas da tradição e das próprias experiências passadas. O pensamento desperto é o pensamento espiritual. É usar a mente consciente como foi criada para ser usada, ou seja, para explorar ideias e tomar decisões. Essa é uma ação mental positiva, uma ação mental autorrealizável, indício de que a pessoa está em movimento. É talvez a maneira mais elevada de o homem usar a mente, ao estar envolvido no processo criativo divino.

A mente desperta não procura recuar e sim avançar. Ela sabe o que quer, sabe com alcançá-lo e emprega métodos corretos para fazê-lo. Essa mente nunca magoa ou prejudica ninguém. As pessoas que têm esse tipo de mente possibilitam a muitos mentalmente adormecidos receberem bênçãos. São doadoras, e ofertam a partir da Generosidade Divina do pensamento criativo. Suas ações tornam óbvio o modo de pensar progressivo baseado na palavra *sim*, e não na palavra *não*. Refutam apenas o que faria com que permanecessem imóveis na consciência e, com isso, interrompessem a criatividade. Já que leu este livro até aqui, você provavelmente é uma dessas pessoas. Se for esse o caso, seu futuro será criativo. Você conceberá novas ideias, perceberá novas perspectivas e beberá do poço profundo do vigor e da vitalidade. Você se livrou da blindagem de antigas conclusões que protegiam seu modo de pensar carente de originalidade. Agora é flexível, criativo, e está desperto. Sua curiosidade funciona, você tem numerosas expectativas e todas elas são boas. Você está vivo, não morto. Está desperto, não adormecido.

É óbvio que o Infinito nunca adormece. O processo criativo é um processo que funciona vinte e quatro horas por dia. A descrição alegórica de Deus nos capítulos iniciais do Gênesis afirma que Deus descansou no sétimo dia. Essa informação pode ser interessante como símbolo alegórico, mas decididamente não é verdadeira. A Mente Infinita é constante em sua criatividade. Não existe nenhum impedimento à ação. Não existe nem começo nem fim. Não existem interrupções em Seu pensamento. Ela foi chamada de eterno processo da *Existência que se torna Existência*. Gosto de chamá-la de Glória de Deus.

Os pensadores despertos não têm medo de ideias espirituais. Acolhem-nas favoravelmente. Por serem pensadores despertos, eles as analisam para descobrir criatividade nelas. Essas pessoas não são pensadores tradicionais. Respeitam o modo de pensar tradicional dos outros, mas não querem se envolver de modo algum com ele. Podem ler a Bíblia, mas a leem a partir do ponto de vista do presente, encontrando significados que são válidos hoje em dia. Não veneram um Deus sentado em um trono distante. O Deus delas habita a mente como causa pura de ideias corretas. Desfrutam o presente e alimentam grandes expectativas para o bem no futuro. Essas pessoas são valiosas para a vida, para Deus e para a humanidade.

CALCIFICAÇÃO MENTAL

A maneira mais rápida de alguém ficar doente, ser infeliz ou ter uma mentalidade de pobreza é possuir uma mente fechada. Esse também é o modo mais certo de afastar as pessoas, criando assim solidão. Com a perda de toda a criatividade possível na consciência, tem lugar a incessante repetição da monotonia, que é o inferno na terra, embora a maioria das pessoas de mente fechada não saiba disso. Pensam em si mesmas como estando em uma situação impossível, de modo que se resignam a ela e, como mártires, carregam seu fardo. Lamentavelmente, não são pessoas silenciosas. Bradam seu ressentimento contra a vida, contra Deus e seus semelhantes.

Tudo isso é completamente desnecessário. Deus nunca criou uma pessoa para ser um vegetal. O Infinito nos dotou da mesma maneira. A mente fechada é um insulto para a Mente que o criou. Tudo é possível para quem tem a mente aberta, porque todas as ideias estão disponíveis. A inspiração não encontra nenhum muro criado para rechaçá-la. Ela ativa a pessoa de mente aberta e lhe oferece um reino do céu na terra, uma esfera onde não existem obstáculos para o pensamento progressivo. Com expectativa, curiosidade, inspiração e decisão, o homem que tem a mente aberta é invencível. Seu Deus encontra-se atualizado. A autoimagem criativa está atualizada, de modo que o pensamento também o está. Sua mente não se inclina ao passado. Ele usa o passado como manancial de sabedoria. Recorre a ele porque este tem muito a lhe oferecer enquanto cria novos padrões no presente. Mas suas motivações são atuais. As ideias criativas são atuais. Ele está aberto e receptivo a novas ideias, porque apenas nelas reside sua saúde mental. Sem elas, sua consciência ficaria estagnada. A vida presente requer um modo de pensar atual.

A mente calcificada é neurótica, doentia e só pode criar dificuldades para a pessoa que a mantém. Seu modo de pensar está defasado em anos. É um modo de pensar obsoleto que busca recriar o passado no presente, o que é uma impossibilidade metafísica. Esse modo de pensar debilita os músculos espirituais da mente devido à falta de uso. A mente fechada raramente se interessa por Deus ou pelas coisas do Espírito. Chafurda dentro de si mesma em um mar morto de consciência. Ela precisa do comando de Isaías: "Levanta-te, resplandece, porque é chegada a tua luz" (Isaías, 60:1). Necessita ressuscitar e sair do modo de pensar destrutivo, ingressando no verdadeiro estado de concepção da vida.

Talvez seu modo de pensar esteja apenas levemente calcificado. Se for esse o caso, é chegada a hora de atacá-lo, e você fará isso recapitulando os pensamentos dos últimos dias. As regiões de pensamentos cristalizados se tornarão claras. Compreenda como essas ilhas secundárias de concreto são estúpidas e tolas. Ponha em cada uma delas uma nova ideia, oposta à antiga. Remova o entulho mental antes que comece a ganhar autoridade. Eis um tratamento mental espiritual que lhe oferecerá diretrizes.

> A Mente Infinita desconhece a inflexibilidade. Ela nunca recua ao passado. Nunca destrói a si mesma. Eu sou essa Mente em ação. Minha consciência é essa Mente se manifestando. A Mente de Deus está atualizada, de modo que minha consciência está atualizada. Ela é flexível. Não contém nenhuma calcificação. Todas as velhas rotinas de pensamento estão agora obliteradas e extintas. Tenho novas ideias. Eu as aceito, assimilo, dissemino e expresso. Minha mente está desimpedida, vigorosa e criativa. Deus pensa em mim e, em decorrência disso, sou alimentado pela inspiração. Minha criatividade é impressionante. Ela renova e recria toda a minha experiência. Sou uma nova pessoa de mente renovada, e vivo em um mundo interessante. Minha mente subconsciente aceita esse tratamento, e assim é neste momento.

ATIVIDADES CRIATIVAS SUPLEMENTARES

Estou partindo do princípio de que você tomou decisões claras e distintas depois que começou a ler este livro. Agora, você precisa da atmosfera mental correta para executá-las. A mente subconsciente já está trabalhando nas decisões, criando as maneiras de realizá-las. Elogie a mente subconsciente pelo excelente trabalho que está realizando, embora você possa não estar consciente, por ora, das ações dela. Contudo, esteja certo de que ela está ativa, trabalhando de acordo com os novos termos que você determinou. A atmosfera de louvor e agradecimento é fundamental na prática da metafísica. É uma atmosfera mental na qual as ideias corretas são alimentadas e obtêm liberdade para criar formas correspondentes. A mente subconsciente é como o útero materno. Você implantou nela sua decisão, que é uma ideia germinativa. O subconsciente está agora em ação, construindo uma identidade clara e precisa de pensamento que logo emergirá em sua experiência. A decisão se torna realidade pelo trabalho mental subconsciente. O que a mente consciente pensa durante esse processo é de fundamental importância. É preciso manter uma atitude construtiva, criativa e de feliz expectativa.

Nenhuma dúvida com relação ao resultado final da sua manifestação deve lhe penetrar os pensamentos. Isso deve ser evitado a todo custo. Períodos prolongados de dúvida podem abalar todo o trabalho criativo que a mente subconsciente realiza. Todas as vezes que dúvidas, questionamentos ou medo começarem a se formar na mente, procure se flagrar no ato e interrompê-lo. Mude deliberadamente o curso dos pensamentos. Obrigue a mente a pensar a respeito de algo interessante e agradável. Pense em parentes, amigos e colegas de trabalho bem-sucedidos, e afirme que se juntou a eles. Use a imaginação para criar imagens mentais de coisas e eventos que lhe dão prazer. Recite em voz alta o Salmo 23. Lembre-se de que, o que Deus começa, Deus termina. Sua decisão, implantada por você na mente subconsciente, foi um ato espiritual. Alimente-a com pensamentos corretos.

Seus *hobbies* são criativos e estimulam pensamentos criativos? Se não for assim, você deve abandoná-los e escolher outros. Talvez tenham completado o ciclo deles em sua experiência e precisam ser descartados. Podem ter se tornado confortáveis demais e deixado de ser áreas de inspiração. Se for esse o caso, empreenda um novo projeto. Tome medidas para que seja algo que vá distraí-lo da rotina habitual e que lhe dará prazer. Não se dedique a uma atividade suplementar que considera ser necessária para o aperfeiçoamento pessoal. Pode ser até que você não precise de constante autoaperfeiçoamento. Tire breves férias dele e escolha um *hobby* que seja agradável ou mesmo divertido.

O prazer e o divertimento são atmosferas mentais criativas. Um enorme número de pessoas extrai muito pouco prazer da sua semana típica. O prazer é um tônico que mantém a mente em funcionamento de modo saudável. Uma risada saudável encerra poder de cura, assim como a lamentação e a raiva encerram poder destrutivo. Sua mente precisa da ideia prazerosa para contrabalançar a constante ideia de trabalho. A mentalidade competitiva enfatizou excessivamente a ideia do trabalho. Todos conhecemos pessoas que aceitaram tão completamente a ideia do trabalho que não conseguem aceitar a ideia do prazer. Para elas, é o emprego, e não a saúde mental, que vem em primeiro lugar. Concluem o trabalho do dia e levam para casa mais tarefas a fim de executá-las à noite e nos fins de semana. Elas criam o próprio isolamento e o julgam virtuoso, o que ele está longe de ser. Trata-se de uma atitude doentia e insensata. De um falso conceito de autoimportância. É o ego humano se expressando. A ideia do trabalho precisa ser equilibrada com a ideia do prazer. Deus não o criou para ser um parasita. O Infinito o criou para ser um produtor valioso, mas Ele também o equipou para o prazer, para que a criatividade possa ser estimulada.

A Mente Infinita quer que você seja feliz. Nunca se esqueça disso e tome todas as medidas necessárias para garantir a sua felicidade. Ela é necessária para seu crescimento espiritual. Os infelizes encontram-se em declínio espiritual. Isso não é para você, que agora está em um trajeto de equilíbrio entre o que precisa ser feito e o que deseja fazer. Mantenha esse equilíbrio e sustentará sua criatividade. Quando executar seu trabalho, execute-o bem. Quando tiver momentos de prazer, expando-os ao máximo. Extraia deles tudo o que puder.

Certifique-se de que seu lar mental está em ordem. Especulações negativas já não lhe têm utilidade. Interrompa-as e descarte-as. Você está esperando coisas incríveis da sua mente subconsciente. Você está esperando que ela dê à luz a realidade da sua decisão. Este é um momento de jejuar de todos os aspectos negativos. É momento de observar especialmente as tendências que a mente está seguindo. Use a imaginação para manter os pensamentos no caminho certo. Eles sempre seguirão na direção que você definir. Você é a autoridade que determina o modo de pensar. Assuma essa autoridade. Verifique os pensamentos várias vezes por dia para ter certeza de que são do tipo que produzirá o que você deseja. Verifique se estão sustentando a atmosfera mental saudável de que o subconsciente precisa neste momento particular. Se não estiverem, você já sabe o que fazer. Autorize que os pensamentos sigam em uma nova direção. Mais uma vez, você contempla a si mesmo como já detentor do que quer que tenha decidido ter. Não é um devaneio. É um modo de pensar saudável que garante resultados.

Mantenha elevado o nível de inspiração na mente. Ele precisa ser um fluxo constante através de sua consciência. Esse é o tipo de estímulo que a mente precisa. Ele o impede de se envolver com o que eu chamo de pensamento insípido. O pensamento insípido é uma espécie de pensamento improdutivo, e você não pode se dar o luxo de perder tempo com ele neste momento, quando a plena ação da consciência precisa ser de saudável expectativa. Observe durante alguns minutos uma planta em crescimento e se sentirá inspirado. A Inteligência que trabalha na planta para trazê-la ao tamanho atual é a mesma que atua em você. Se essa Inteligência criou a planta ou a flor – algo que você não pode fazer –, ela transformará, por intermédio da mente subconsciente, sua decisão em realidade.

Nunca deixo de me maravilhar com a Inteligência que está em ação na natureza. Ela sabe exatamente o que fazer e o faz. Afirmo com frequência que essa mesma Inteligência atua, neste momento, na minha consciência. Afirmo que eu sou essa Inteligência. Essas afirmações mantêm ideias criativas em atividade na mente, enquanto são dedicadas à atividade do vir a ser. É possível incutir a inspiração na consciência. Quanto mais você afirma que está inspirado, mais livre se torna o fluxo da inspiração. Surgem novas ideias que lhe conferem pensamentos revigorantes. Elas evitam a deterioração mental, que é um beco sem saída. Também mantêm o fluxo de pensamentos saudáveis, os quais conferem à mente uma qualidade saudável.

"Estreita é a porta, e apertado o caminho que conduz à vida, e poucos são os que a encontram" (Mateus, 7:14). Tal é o pensamento correto direcionado que conduz a resultados. Você passou pela porta da decisão e agora está no caminho do pensamento direcionado para que a decisão possa se tornar realidade. Já avançou muito para recuar agora. Sua manifestação é certa, porque você mantém a atmosfera mental na qual ela está nascendo. A lei do subconsciente agora trabalha matematicamente, sem nenhum impedimento da mente consciente. Ela está livre para executar Seu exímio trabalho, e Ela o faz. Todo o seu *know-how* está em ação na sua ideia.

Você concedeu livremente pensamentos bem definidos à consciência, e receberá livremente o resultado. Lembre-se de que não precisa conhecer os detalhes do processo. Você só precisa saber que ele já está concluído. Aquilo que deveria existir já existe. Tenho confiança absoluta na ciência da mente e nas leis que a operam. Elas nunca variam. Se, porventura, deixo de obter os resultados que acho que deveria obter, não culpo a mente e suas leis; faço uma nova verificação nos pensamentos durante o mês anterior. Algo funcionou mal em minha consciência, o que imprimiu direção diferente à lei do subconsciente. Em decorrência disso, ela deixou de fazer o trabalho que eu acreditava que estivesse fazendo, desviando-se para outras direções, porque lhe disse que o fizesse.

Essa nova verificação mental provavelmente lhe mostrará a razão pela qual você não está manifestando sua decisão. É hora de recomeçar tudo, determinado a fazer com que a lei produza o que você, uma vez mais, decidiu que ela produziria. Você se dirige ao subconsciente com firmeza, autorizando-o a produzir sua decisão. Declara que isso já foi feito, que já é um fato consumado, e que desta vez não haverá interrupções causadas pela dúvida. Em seguida, agradece por ser assim, e conclui o tratamento com um sonoro *Amém*. O processo criativo do subconsciente uma vez mas inicia o trabalho científico e prossegue em direção ao resultado final, a não ser que você novamente o interrompa com conflitos; mas desta vez você não fará isso.

Você é um ser humano criativo. Jamais se esqueça desse fato. Você poderá ou não usar a criatividade espiritual, que é sua herança divina. Cabe a você decidir. Mas, se quiser usá-la, agora sabe como fazê-lo, porque tem as ferramentas. Comece com curiosidade e avance então para a inspiração. Segue-se o momento da decisão, que é acompanhado por pensamentos bem definidos e direcionados. Nada é mais fácil de explicar e, ao mesmo tempo, mais difícil de realizar.

Ao utilizar essas técnicas mentais baseadas em leis espirituais, você nunca mais precisará ter medo do futuro. Você determina o futuro. Possui confiança total em seu aparato mental. Nunca mais se atolará nas incertezas da dúvida, do medo e de especulações negativas. Jamais sentirá medo de seu semelhante ou terá inveja dele. Você se libertou de todos esses elementos negativos desnecessários. Agora é livre para ser alguém positivo e criativo, que decidiu aonde está indo na vida e que usa o método do pensamento correto para atingir as próprias metas.

CAPÍTULO 8

Decisões, decisões, decisões

Colombo decidiu atravessar o oceano. As Colônias Americanas decidiram se tornar uma nação livre. Os Irmãos Wright decidiram criar uma máquina que voava. Cada aprimoramento no mundo tem sido efetuado por uma mente decidida. Pessoas inseguras, hesitantes e receosas não fizeram nenhuma contribuição para nosso estilo de vida. Foram seguidoras, não líderes. Foram carregadas pelo esforço alheio. Receberam, mas nada ofertaram. Existiram, mas não viveram plenamente a existência que lhes foi concedida gratuitamente. Por não ter semeado ideias criativas na mente subconsciente, não conseguiram colher vários dos valores da vida. Viveram à luz da mente de outras pessoas. São apáticas e estão semivivas, ou semimortas.

Moisés foi inspirado a retirar os filhos de Israel do Egito. Ele decidiu fazer isso. Essas pessoas vagaram pelo deserto durante quarenta anos até entrar na Cidade Prometida. A decisão de Moisés as fez sair do Egito, mas foi apenas a decisão delas que pôde conduzi-las ao novo lugar. No decorrer desses quarenta anos, uma geração e meia de gente mais velha havia morrido. Essa geração viveu um impasse. Ficar no deserto, ou voltar para o Egito, que ainda consideravam seu verdadeiro lar? Durante esse período, uma nova geração e meia nascera, pessoas que não conheciam o Egito. Estas não desejavam voltar. Queriam apenas avançar. Decidiram entrar na Terra Prometida. Seu líder por direito, Josué, foi nomeado por Moisés, e, sob influência do modo de pensar eficaz e progressivo do primeiro, adentraram o novo lugar. Essa decisão produziu sua manifestação.

INSTABILIDADE

"O homem vacilante é instável em todas as suas atitudes" (Tiago, 1:8). Ele nega a verdadeira razão de ser: deixar que ideias ocorram por seu intermédio. Encontramo-nos aqui, nesta vida atual, para ser instrumentos de ideias. Elas acontecem por meio de nós. Ideias não podem revelar a si próprias; precisam de pessoas com uma mente condicionada para recebê-las. Ideias negativas precisam de pessoas negativamente condicionadas. Ideias positivas precisam de pensadores criativos, assertivos. Cada um de nós recebe o tipo de ideia que corresponde à sua consciência precondicionada, e temos condicionado a mente desde o dia em que nascemos.

Examine suas áreas gerais de pensamento nos últimos seis meses e descobrirá por que as ideias que chegam agora à sua mente são do tipo que são. Elas combinam com sua atitude subconsciente atual. Se forem magníficas e criativas, ótimo. Se não forem tão magníficas e criativas, é sinal de que você precisa modificar um pouco sua atitude. A lei de atração mental é infalível. Você atrai os equivalentes. Esteja certo de que o tipo de ideias que funcionam agora em sua mente estão no lugar adequado, porque a atmosfera de sua consciência induziu a chegada e a permanência delas. Uma verdadeira limpeza mental encerra grande valor terapêutico, pois liberta a consciência de atitudes, tendências e opiniões rígidas que só atraem problemas. Use as técnicas apresentadas neste livro para fazer essa limpeza.

Você pode mudar o campo de ação da consciência porque é o *pensador* na consciência. Por isso, pode pensar que as ideias que gostaria de ter na mente vão surgir dentro dela. Pense de maneira próspera, e terá ideias que lhe proporcionarão ainda mais prosperidade. Demonstrei em minha experiência que a prosperidade é resultado de atitude mental criativa, na qual ideias prósperas podem nascer. Essas ideias, reconhecidas e subconscientemente aceitas, passam a revelar que coisas externas precisam ser feitas. O homem irresoluto não pode prosperar, pois é instável para tomar decisões e, portanto, incapaz de ter uma consciência criativa. Ele precisa de ajuda, mas sua indecisão o impede de procurá-la. Quando ela lhe é oferecida, ele duvida de que tenha valor.

Ao longo de anos de aconselhamento, descobri que apenas os que realmente querem o que desejam a ponto de decidir que o terão conseguirão o que querem. Os demais murmuram para mim a notável declaração: "Com Deus todas as coisas são possíveis" (Mateus, 19:26). Esperam que eu concorde, o que realmente faço. Mas o conceito que essas pessoas têm dessa afirmação é que ela se tornará realidade sem que necessitem fazer nenhum esforço. Esperam que o modo morno de pensar seja recompensado com uma verdade completa, o que é uma incompatibilidade mental e espiritual. Os que efetivamente decidiram ter que o que desejam não esperam receber favores especiais do universo. Estão prontos e dispostos a pensar no que querem por tempo suficiente para obter o que desejam. Não temem o trabalho sério e vantajoso de acreditar. Sabem que não existem milagres.

O trabalho sério e vantajoso de acreditar é necessário para que a decisão se torne fato. As possibilidades da Mente Infinita são as possibilidades do homem. No entanto, nossa função é aceitar uma das inúmeras possibilidades, tomar uma decisão com relação a ela e acreditar de modo claro e definido que está feito. O trabalho de Deus é produzir ideias. O trabalho do homem é aceitá-las e trabalhar com elas da maneira que descrevi. Esse é o único caminho do sucesso, utilizado consciente ou subconscientemente por toda pessoa bem-sucedida. Lembre-se de que está usando a mesma mente que toda pessoa bem-sucedida usou e ainda usa. A mente de todas as pessoas é igual. Uma pode ser mais instruída que a outra, mas o fator mental é o mesmo. Não existem grandes e pequenas mentes. Todas elas são iguais.

Faz parte da natureza da mente individual aceitar ideias e refletir a respeito. Essa é sua atividade normal. A mente relativamente ignorante e a mente instruída fazem a mesma coisa: estão sempre aceitando ideias; sempre refletindo sobre elas. Essa é a ação da consciência. Sempre foi e sempre será. Todo tipo de criatividade é ação mental, seja a do agricultor plantando a semente ou a do engenheiro eletrônico seguindo sua carreira. Ambos tomaram decisões relacionadas a ideias. Não existe instabilidade mental em nenhum dos dois. Suas ações são precedidas por pensamentos, e os pensamentos seguem a linha das decisões que tomaram. Isso não tem nada a ver com crenças religiosas, convicções políticas ou situação financeira de cada um. Trata-se da consciência em ação produzindo resultados. Trata-se de pensadores ativos.

Certifique-se de que você é um pensador ativo. Fique atento a indicações de instabilidade na tomada de decisões. Você poderá descobrir que, em certas áreas de sua experiência, é decidido, mas em outras é indeciso. Estas, portanto, são as áreas que merecem uma pesquisa sincera, podendo até mesmo revelar temores desconhecidos que você trouxe da infância. Assim como uma dor de dente indica que é importante marcar consulta com o dentista, áreas em relação às quais você é indeciso indicam a necessidade de um autoexame.

E por que você é indeciso em determinada área da vida? Refletir a respeito dessa questão revelará o motivo subconsciente. A resposta pode não vir de imediato, mas com o tempo você saberá claramente qual é a razão. Quando tiver obtido essa informação, será capaz de se tornar decidido nessa parte da vida cotidiana. Não será mais preciso desperdiçar energia mental nessa área, nem pedir conselhos alheios sobre o assunto. Você se livrou da instabilidade. Agora é capaz de trabalhar com conclusões decisivas, que otimizam sua eficácia. Você obteve o controle direto de mais uma área na qual será a autoridade da própria experiência. Alcançou maior autoaceitação, maior fé em si mesmo. Tudo isso tende a resultar em uma vida mais fácil. Você não anda mais em círculos, ao redor de perguntas e dúvidas. Toma decisões imediatas e as acompanha com ações corretas e imediatas também. Não existe mais hesitação de sua parte. Você sabe, decide e age.

O TRABALHO MENTAL CORRETO É FÁCIL

A consciência que está ordenadamente estabelecida e tem metas definidas não se debate com elementos negativos e não se deixa desanimar por perguntas impossíveis de responder. Ela sabe o que deve fazer para realizar o que deseja fazer. Não dá atenção aos numerosos problemas secundários que poderiam desviá-la do rumo adequado, e mantém um controle direcionado às próprias emoções, as quais respaldam a decisão principal e adicionam poder ao processo de manifestação. Não existe nenhum conflito interior. O funcionamento completo do pensamento e do sentimento encerram paz permanente. A consciência é construtiva, criativa e produtiva.

O pensamento laborioso indica necessidade de uma decisão. Esse tipo de pensamento esgota a mente e reduz a eficácia dos processos mentais. Significa pensar com resistência, porque os pensamentos não têm apoio de um desejo claro e bem definido. Os freios mentais diminuíram sua velocidade, assim como os freios de um automóvel reduzem a velocidade dele. O pensamento laborioso pode ser interrompido se você examinar o desejo, a meta e a decisão. Simplifique os pensamentos, reduzindo-os a elementos básicos. Contemple a meta como já tendo sido alcançada e descobrirá que uma nova onda estimulante de pensamentos lhe invadirá a consciência. Ideias corretas surgirão, e uma nova inspiração se revelará. Você vai estar então novamente em paz com seu processo criativo.

"Eu o disse, e também o cumprirei; formei esse propósito, e também o executarei" (Isaías, 46:11). Uma premissa como essa contribui para a agilidade do trabalho mental. Nenhum tempo ou energia é concedido a trivialidades, além das necessárias à realização do resultado final. O homem com uma premissa desse tipo não tem tempo para ressentimentos. A maioria dos malsucedidos alimenta ressentimentos. Eles os acumularam de modo inconsciente, a fim de justificar a si mesmos a falta de sucesso. O pensamento deturpado não pôde produzir nenhuma situação realmente satisfatória. Percorrem agora becos sem saída que eles próprios criaram.

Quem é propenso ao sucesso precisa que todas as emoções apoiem criativamente sua decisão; não pode se dar o luxo de distrações mentais e emocionais negativas. Precisa também permanecer no rumo do pensamento construtivo, respaldado por uma atitude construtiva e salutar. Pessoas propensas ao sucesso se certificam de que a mente não esteja enevoada com nada que interfira no pensamento correto e firme, confiando em si mesmas tanto quanto confiam nos outros, mantendo assim a mente sempre saudável. Têm ainda uma maneira de pensar atualizada, sendo otimista com relação ao futuro. O pessimista, ao contrário, é oprimido por falsas expectativas desastrosas. Não compreende o sentido da vida, e é quase certo que esteja deixando escapar a verdadeira alegria de estar vivo. É um exemplo de como *não* se deve usar a mente.

A mente que não é atravancada por emoções negativas pode pensar de maneira criativa e tranquila. Permanecer consciente de que a mente é uma fase e uma função da Mente Infinita ajuda a mantê-la desobstruída. O Infinito não possui emoções negativas, tampouco receios, ressentimentos ou frustrações ocultos. Sua disposição de ânimo é sempre criativa, e Seu modo de pensar é sempre cristalino. Quando você afirma que essa Mente é sua mente, libera a criatividade Dela como sua criatividade, e coisas magníficas acontecem. Deus está ativo por seu intermédio, e os assuntos de Deus são sempre positivos, estando em eterna expansão. Repita com frequência a si mesmo as frases a seguir:

Minha mente é para sempre uma parte da Mente Infinita. A Mente Infinita nunca é perturbada. Ela desconhece elementos negativos. Não alimenta receios, ressentimentos ou frustrações; por consequência, essas coisas não podem existir agora na minha mente, e não existem. Elas não têm causa, continuidade ou conclusão. A criatividade da Mente Infinita se encontra na criatividade da minha mente. Deus está ativo por meu intermédio, e os assuntos de Deus são sempre positivos. Por isso, penso com tranquilidade em minha meta já realizada. Ela está sendo criada em minha mente neste momento. Acolho com prazer seu surgimento em minha experiência.

PENSAMENTO DIRECIONADO

O pensamento causativo inteligente é um pensamento direcionado, não obstruído por empecilhos emocionais. Acredito que esse seja o modo de pensar normal do homem. Tudo o mais é anormal. Não consigo acreditar que a mente subconsciente tenha sido criada para causar problemas. Por ter nascido do Infinito, sua motivação básica precisa estar relacionada a saúde, felicidade, amor e autoexpressão. Na realidade, a maneira como usamos habitualmente o subconsciente é uma utilização imprópria. Foi o homem que colocou na mente subconsciente o conteúdo que lhe causa problemas. Nada entra na mente subconsciente que não seja através da mente consciente. Se a primeira contém coisas confusas, é porque você as colocou lá. Se um padrão de fracasso está presente nela, foi você que o pôs lá. Afirmo isso não para criar autocensura, mas para que conheça a si mesmo.

A autocensura é muito diferente do autoconhecimento. A primeira é destrutiva e o segundo, construtivo. Podemos perscrutar a mente e encontrar muitas falhas. A não ser que façamos algo para anulá-las, só teremos contribuído para elas. Aumentamos o fardo de culpa, o que reduz nossa capacidade de originalidade. O fardo de culpa precisa diminuir, não se expandir. Para um enorme número de pessoas, o fator originalidade está envolto em culpa. Permanece reprimido e inoperante. Perceber uma falha subconsciente e anulá-la é uma coisa. Perceber uma falha subconsciente e reiterá-la é outra bem diferente. O uso desse ensinamento elimina falhas subconscientes e liberta a originalidade.

O autoconhecimento é um indício seguro do pensamento saudável. Você compreende que é uma soma de padrões, convicções e causas. A maior parte deles é criativa e não está reprimida por erros do passado. Pertence ao aqui e agora, apoiada pela criatividade do passado. Trata-se de padrões, convicções e causas do presente. Você se sente mentalmente à vontade com eles. Na verdade, eles inspiram, e não conspiram. Lidam com obstáculos visíveis sem medo ou dúvida. Respaldam seu planejamento mental e ajudam a cumprir ordens. São colegas de trabalho em tudo o que você realiza, e o fazem se sentir harmonioso.

Os padrões negativos mentais cuja permanência você permite conspiram contra você. Têm a intenção de pegá-lo e, com frequência, o fazem. Operam de maneira inteligente e são a causa de numerosas formas de dificuldade. Eles obstruem o processo criativo. Podem não ser capazes de interromper o processo, mas conseguem torná-lo mais lento. Não querem que você seja bem-sucedido, saudável ou feliz. Quanto mais cedo você os vir e anulá-los, melhor. Os únicos impedimentos ao sucesso de qualquer pessoa são os que foram subconscientemente aceitos por ela. O fato de poderem ser localizados, observados e anulados por você é a grande esperança da vida mental e emocional.

Não tenha medo dos padrões negativos que você talvez descubra na sua mente. Eles estão prontos para ser conhecidos e descartados. A única luta que eles têm em si mesmos é o medo que você lhes entrega. A manutenção deles em você precisa do medo e de pensamentos movidos pela preocupação. Quando os padrões negativos não recebem esse alimento, definham e perdem importância. A forte exigência da sua parte de que eles desocupem a sua mente os tornará impotentes. Eles são desativados e permanecerão inativos pelo resto da vida, a não ser que você inconscientemente os reative. Isso é o que todos temos tendência de fazer quando ficamos deprimidos: pensamos de maneira inversa.

O pensamento direcionado pode ser tanto negativo quanto positivo. A preocupação sistemática é pensamento direcionado. O medo constante do futuro é pensamento direcionado. O pensamento de frustração é sem dúvida direcionado. Esses tipos de pensamento devem ser evitados a todo custo, e a única maneira para se fazer isso é redirecionar a atenção para um objetivo positivo. A pessoa que não consegue parar de se preocupar é a pessoa que quer se preocupar. Ela extrai disso algum benefício oculto ou óbvio. Pode estar buscando atrair compaixão e atenção. Você não oferece compaixão a alguém bem-sucedido; oferece-lhe elogios. Ele não tem nada em sua constituição mental que justifique a compaixão.

A pessoa bem-sucedida venceu pelo próprio esforço. Quem fracassou também o conseguiu por esforço próprio. Ambos usaram o conteúdo que colocaram na mente subconsciente para chegar aonde estão. Uma não teve sorte e a outra azar. Nenhuma das duas pode afirmar que suas realizações são resultado da hereditariedade ou do ambiente. Existem tantos insucessos entre os ricos quanto entre os pobres. O sucesso ou fracasso só pode ser explicado pelo emprego adequado ou inadequado do processo mental. A mente subconsciente produz o que colocamos nela. Trata-se de um processo criativo; é a lei da atração.

É axiomático sermos a mente subconsciente em ação. Ela determina todas as fases de nossa vida, bem como nossa saúde, relacionamentos, situação financeira e o senso de merecimento e bem-estar. Não faz sentido culpá-la por nossas falhas ou elogiá-la por nossas virtudes. Tanto as falhas quanto as virtudes são criadas na mente em conformidade com as decisões que tomamos com relação à vida. Se receber instruções criativas, a mente subconsciente responderá às decisões e executará seu trabalho normal, criando o que desejamos. Se receber instruções não criativas, também executará normalmente seu trabalho, criando-nos problemas. É impossível enfatizar excessivamente o caráter impessoal da mente subconsciente.

Pessoas bem-sucedidas gostam do que fazem. Na verdade, adoram o que fazem. As ideias criativas se expandem rapidamente nessa atmosfera de amor e revelam pleno potencial. O amor ativa o entusiasmo interior. Ele é fonte de vitalidade mental. Os românticos dizem que ele governa o mundo, mas não é verdade. São as ideias que governam o mundo. Quando são positivas e ficam livres para se expandir em uma mente que ama o que faz, governam o mundo dessa pessoa. Esse tipo de pensamento direcionado não pode ser derrotado por nenhuma pessoa, lugar ou situação. É sempre vitorioso e bem-sucedido.

GRANDES IDEIAS O AGUARDAM

As ideias precisam de você. Elas surgirão por intermédio de alguém em algum lugar, e esse alguém pode muito bem ser você. O universo necessita de novas ideias para manter sua evolução. A vida que existe em você precisa dessas ideias a fim de se expressar plenamente. Você necessita dessas ideias a fim de se sentir realizado. Elas já se encontram em sua consciência. Entregue-se por um momento a uma reflexão contemplativa e dê à sua intuição a chance de lhe dizer alguma coisa. Esteja certo de que ela lhe dirá coisas boas; apresentará uma ideia que o enriquecerá de alguma maneira. Ela o tornará alguém notável, provavelmente fornecendo a resolução de algum problema importante que você possa ter no momento.

Se a ideia for formidável, ela poderá assustá-lo. Você pode se sentir incapacitado em aceitá-la e personificá-la. No entanto, essa ideia não teria chegado à sua mente se você não fosse a pessoa certa, que estivesse no momento certo e na hora certa para que ela surgisse. Seu estado atual de consciência atraiu essa ideia. Ela precisava da ideia a fim de permanecer vigorosa e criativa. Provavelmente estava na hora de você ter uma grande ideia. Você precisava da ideia tanto quanto a ideia necessitava de você. Não a ignore. Examine-a. Reflita sobre ela. Pense em todas as maneiras criativas pelas quais poderia torná-la realidade.

Não raro rejeitamos inconscientemente ideias estupendas, apenas porque parecem grandiosas demais. Aceitá-las provocaria um número excessivo de mudanças na vida. Ou então, na verdade, não estamos dispostos a realizar todo o trabalho que elas impõem. Por essas e várias outras razões, dizemos *não*. Aceitar significa ficar mentalmente saudável. Essas ideias nos instigarão. Desintegrarão o comodismo e nos conduzirão a outras direções. Virão acompanhadas de novos pensamentos, coisas, pessoas e situações. É exatamente isso que necessitamos o tempo todo. Precisamos ser mentalmente tomados e agitados por uma nova ideia. Isso se chama terapia de choque mental.

A resistência inconsciente à mudança, que muitas pessoas têm, não é indicação de saúde mental. A rotina nos seduz com excessiva facilidade, sem que nos demos conta disso. Ficar alerta e receptivo a uma nova ideia indica uma mente que pode gerar sucesso. Ideais desprovidos de ideias não encerram nenhuma virtude. A mente acomodada pode alimentar ideais elevados, mas permanece não produtiva. Os ideais só são um grande incentivo quando as ideias que os acompanham são colocadas em prática, porque então o comodismo vai embora e tem início uma atividade mental correta.

O fato de pessoas infelizes não terem curiosidade sobre si mesmas sempre me interessou. A plena atenção da mente delas está supostamente voltada para a causa dos problemas que enfrentam. Uso a palavra *supostamente* porque um estudo psicológico da angústia de pessoas assim em geral revela uma causa diferente da que elas informam. Quando tenho um problema, fico curioso com relação às causas subconscientes dele em mim. Há muito tempo deixei de culpar eventos externos e pessoas pelas minhas dificuldades. E agora conheço bem demais a ciência da mente para voltar algum dia a fazê-lo. Começo examinando todos os eventos emocionais dos últimos meses, porque é neles que encontrarei a causa do problema. Às vezes, consigo perceber a resposta de imediato. Em outras ocasiões, pode ser que leve uma semana ou mais fazendo uma recapitulação ocasional. No entanto, de uma maneira ou de outra, sempre acabo localizando a causa emocional do problema no subconsciente, quando então a neutralizo.

A maior parte da curiosidade a respeito de nós é considerada negativa, de modo que é evitada ao máximo. Contudo, quando examino experiências emocionais para tentar descobrir a causa de um problema, não considero esse processo negativo, porque procuro algo que, assim que for encontrado e anulado, me deixará curado. Considero essa uma técnica de cura. Procuro um elemento negativo para destruí-lo, não para chafurdar nele, pois isso aumentaria sua eficácia. Para mim, essa é uma utilização saudável da curiosidade. Algo precisa ser extirpado do subconsciente; eu o localizo e em seguida certifico-me de que vai parar de funcionar.

Por ser o centro e a extensão de minha experiência, aceito a responsabilidade por todo tipo de causa. Nem todas as pessoas estão prontas ou dispostas a fazer isso. Não querem olhar no espelho para não ter de enfrentar e lidar com o que estiver lá. Quando você conseguir aceitar com sinceridade sua mente e suas emoções como a única causa genuína de sua experiência, terá se libertado de todas as ilusões que a mente humana pode ter. E estará pisando em terreno firme, pronto para descobrir por que o você que você é não é o você que você pode ser.

O você que você pode ser é o você espiritual que você sempre foi, mas que só descobriu agora. Esse verdadeiro você é o você que precisa de grandes ideias e as encontra. O você que o Infinito criou tem esperado pelo seu reconhecimento. É como o pintinho na casca de ovo aguardando a primeira rachadura na casca para encontrar sua verdadeira existência. A curiosidade correta com relação a si mesmo faz com que a casca das estáticas opiniões humanas rache, para que o verdadeiro eu possa aparecer na consciência e captar ideias criativas.

Nessa liberdade recém-encontrada, de ser o você que é autêntico, reside a única segurança que de fato existe. É como sair de uma sala cheia de gente, ir para fora e inspirar profundamente o ar puro. Agora você sabe que nunca mais será vítima de decisões erradas e do pensamento negativo que as acompanha.

Sua mente está aberta para todas as ideias certas. Você não é mais receptivo a ideias que não deseja vivenciar. As responsabilidades do dia a dia não são mais opressivas nem monótonas. Cada hora está repleta de realizações, acompanhadas de prazer.

DIVIDENDOS INESPERADOS

A sua decisão de ser você mesmo o remunera com ricos dividendos. A palavra *impossível* é excluída de seu vocabulário. Ela já não encerra significado. No lugar dela agora existe a palavra *inesperado*. Você está pronto para o que ainda está por existir, ciente de que todas as ideias relacionadas a essa materialização já estão na mente e surgirão no devido tempo e de modo ordenado. Também conta com o inesperado e o acolhe com prazer quando aparecer na consciência e no seu mundo. Conta com a saúde porque não tem medo da doença. Você sabe que não há nada na consciência que possa causar a doença. Todos os conflitos mentais e emocionais partiram para sempre.

Você tem como certo que a prosperidade é completamente normal e contínua. Decidiu que assim será. Não existe mais nada na consciência capaz de causar limitações. O fluxo de entrada de dinheiro está sempre equilibrado com o fluxo de saída. Você tem direito a viver uma existência agradável, e é o que faz. Todas as contas são pagas no dia em que você as recebe. Você descobre que pagar contas é uma experiência aprazível. Sua sabedoria interior, nascida do Espírito, o orienta nos assuntos financeiros.

Você espera ser feliz, pois agora compreende que a felicidade é o estado criativo normal de viver. Você não tem nem vergonha nem medo de ser feliz. Regozija-se por estar vivo, fazendo o que faz e sentindo o que sente. Não existe nada na mente subconsciente que não o deixe feliz. Você decidiu que é assim. Sente-se até mesmo feliz por ter problemas, porque agora sabe que cada um deles é solucionável por meio do pensamento correto, da decisão correta e da utilização correta da imaginação. Você é feliz.

Você decide dar e receber amor. Sabe que pode fazê-lo e elabora planos inteligentes para essa realização. Não está mais lutando contra a raça humana. Assumiu seu lugar nela como alguém amoroso, bondoso e generoso. Atrai as pessoas e situações certas para você. Suas emoções bem equilibradas, aliadas aos novos impulsos e interesses criativos, atraem pessoas com ideias afins, com quem tem facilidade de se comunicar. Um intercâmbio de ideias, atitudes e interesses se manifesta. O amor que reside em você encontra o amor que reside nas demais pessoas. O amor delas encontra seu amor. O Infinito é amoroso por seu intermédio, e você concede a ele uma plena liberdade de ação. A solidão e o distanciamento já não existem. Você aprecia o sentimento de se unir a diversas pessoas. Essas associações enriquecem os envolvidos, inclusive você. Você capta um vislumbre do Espírito em todos com quem entra em contato.

Você rompeu o vínculo com a frustração. A dinâmica de ideias criativas da mente tem agora plena autoexpressão. Isso penetra em cada área de sua vida. Você é dinâmico. Os outros pensam em você como alguém dinâmico. Você faz o que quer fazer. Regozija-se no livre fluxo do pensamento criativo que mantém a sua mente concentrada nas metas que você decidiu alcançar. Observa novas ideias surgirem na mente e novos eventos terem lugar em sua experiência. Você é expansivo, realizado e livre para se expressar.

Você confia na Vida. Sente que é o instrumento de uma Mente poderosa, e está convencido das grandes vantagens de viver no aqui e agora. O seu bem não é adiado nem protelado. Sua mente sente as atividades espirituais interiores e coopera plenamente com elas. Você confia na magnífica lei criativa da mente subconsciente. As autorizações inseridas nela ficam livres para produzir resultados. Você está livre de todas as profundas e graves preocupações. Sabe que encontrará apenas o bem em seu caminho e que as revelações que ele lhe fará sempre serão as certas no momento certo, surgindo de maneira ordenada. Suas atitudes são positivas. Você gosta de si mesmo como é, criativo e vitorioso.

Você tem um conhecimento mais amplo de Deus. Não do meu Deus, nem de um Deus de credos, e sim de um Deus que seu pensamento descobriu dentro de você. É um Deus pessoal, para que você o personalize. Você confia na Mente Infinita da maneira como funciona em sua mente. Sabe que o Seu fluxo constante de novas ideias é a sua garantia de uma vida correta, porque você agora é receptivo a elas. Encontra muitas pessoas que pensam em Deus do mesmo modo que você. Não rejeita mais nada que seja espiritual, pois está aberto e receptivo às ideias espirituais. Você sabe que sua vida é a vida de Deus. Tem consciência de que é o representante vivo de tudo o que o Infinito é. Você é digno de sua elevada vocação como criação espiritual.

CONFIE NA VIDA

Não existe nenhum motivo para não se sentir à vontade neste magnífico cosmo. As pessoas que têm a mente restrita e autocondicionada podem ter medo do desconhecido, mas não há razão para você sentir o mesmo. Você tem consciência de que saberá tudo de que precisa quando for necessário. Não precisa conhecer nem temer o futuro, porque o cria com sua atitude atual. A confiança nas questões da vida de modo geral é essencial para o bem-estar, e ela tem lugar quando você se vê corretamente. Você não é um acidente biológico. É, sim, alguém que individualiza a magnitude da Vida. Qualquer sentimento de inferioridade ou insignificância é simplesmente ridículo.

Você é importante para a Vida. Aquilo que o criou e o trouxe até aqui tomará conta de você por toda a eternidade. Você é um cidadão do universo, e nenhuma reivindicação que faça é excessiva para o Poder que existe em seu interior. Ele não conhece limitações, nem mesmo as que você colocou dentro dos pensamentos. Dê a esse poder grandes obras para realizar mantendo grandes ideias na consciência. O processo criativo da mente subconsciente é inexaurível. Ele desconhece a preocupação e a fadiga. Sua precisão é perfeita. Dê a ele grandes metas para alcançar. Use-o em benefício da grandeza.

Quando confia no poder criativo do universo, você conhece a verdadeira ausência de estresse. Não precisa resolver os problemas do mundo, a não ser que seja um chefe de governo. Não precisa resolver os problemas de outras pessoas, a não ser que seja um orientador psicológico. O que você precisa fazer é resolver os próprios problemas, o que faz sem estardalhaço nem ansiedade. Você toma as decisões certas e deixa a mente subconsciente fazer seu trabalho. Sua atitude é: "Decidi firmemente o que fazer" (Lucas, 16:4). Em consequência, tensões associadas a decisões não podem surgir na mente, nas emoções e no corpo.

Confiar na Vida reduz as pressões do cotidiano. Faz você sentir que o mundo inteiro o apoia em todos os momentos. E é exatamente isso o que o mundo faz. Algo magnífico, maravilhoso e verdadeiro respalda cada um de nós. Como você sabe disso, praticamente não há nada a temer, nem mesmo a morte. Você é um *continuum*. A consciência não para quando o coração para de bater; você é um indivíduo no Infinito e na Eternidade, que continuará a viver em um ambiente diferente. O medo da morte é compreensível em uma mente ignorante, mas não na sua. Você é uma vida que continua a viver, evoluir e existir.

O corpo morre, não as pessoas. Você não é seu corpo; você é um indivíduo que usa esse corpo. Você teve muitos corpos durante a vida. Começou com o corpo de um recém-nascido que pesava entre 2,7 e 3,6 quilos; seis anos depois, tinha um corpo diferente. Aos catorze, tinha outro tipo de corpo; aos trinta, ainda outro. O corpo atual é temporário, assim como eram aqueles que você usou ao longo dos anos de vida. Você, como consciência, deslocou-se através desses corpos. Você, como consciência, continuará a fluir através dos corpos, invisível para a sua família e amigos, porém muito visível para você. Quando você afirma que um amigo querido acaba de falecer, você está se referindo apenas ao corpo dele, porque a consciência não pode morrer.

Não creio que uma inteligência que me criou a partir de Si Mesma, e me forneceu as ferramentas necessárias para que eu viva uma existência criativa onde estou, não tenha outras funções ou planos para mim. Quase todos nós só nos tornamos realmente valiosos para a vida depois dos cinquenta anos. Muitos atingem o auge da criatividade quando o corpo deixa de funcionar. Não, você e eu temos muita atividade vital para praticar nos próximos milhões de anos. Não existe céu nem inferno, mas existem áreas criativas neste universo em eterna expansão onde continuamos a ser nós mesmos. Os negócios de Deus ainda estarão em operação daqui a mil anos, e nós somos os negócios de Deus.

RESUMINDO

Escrevi cerca de cinquenta mil palavras sobre esta ciência da decisão. Você as leu. Nenhum livro pode ser uma autoridade absoluta, porque esta se encontra apenas na mente individual e nas opiniões que conduzem a decisões. Você é uma inteligência ativa em funcionamento, em um universo de inteligência que sempre reage a você ao se apresentar a ele. Você é mais do que uma mente humana se esforçando para viver setenta ou noventa anos de existência. É mais do que sua família, emprego, casa e momentos de lazer. É um criador que cria a criação. Você é possibilidade infinita e jamais conhecerá por completo a plenitude de sua magnificência.

Quando pensa em si mesmo de maneira mais ampla, atrai ideias mais abrangentes para a consciência. Suas decisões com relação a essas ideias são a maneira como a vida se configura para você. Individualidade quer dizer independência, e independência significa a necessidade de assumir o controle de si mesmo. Você não nasceu para ser como os outros. É uma representação única de um Manancial Infinito, estando sempre livre para fracassar ou ter êxito. Nada lhe é predestinado.

Não é fácil modificar padrões de hábito negativos na mente subconsciente, mas é algo que pode ser feito, e você pode dar conta disso. Tanto o vale da indecisão quanto o cume das montanhas da decisão lhe estão disponíveis. Ao assumir o controle sobre sua mente e emoções, você pode ter grandes experiências no topo das montanhas. Pode deixar para trás o vale sombrio de uma existência parcialmente vivida. Você agora assumiu a responsabilidade de ser a luz que clareia o próprio mundo. Sabe que pode alcançar o que deseja. Sabe que a totalidade da vida reage a você com generosidade infinita e enche o cálice que você lhe entrega. Quem determina o tamanho do cálice é *você*.

A mente subconsciente é um instrumento divino. A habilidade e precisão dela jamais será conhecida por completo. Ela é o maior dom que você tem, inestimável. É o que você é como indivíduo criativo. Ela aceita a impressão do seu pensamento e age em função dela. Desconhece o bem e o mal, mas seus processos podem criar ambos. Os sábios disseram que toda criação é resultado da Lei e da Palavra. O subconsciente é a Lei. O que você coloca nele é a Palavra. Eis a ação da vida.

O espiritualmente ajustado é aquele cuja mente consciente, operando em um campo de inteligência criativa subconsciente, fornece a esta última decisões criativas que ela então produz como experiência. Esse homem ou essa mulher possuem vida plena. Não são apenas eles que se tornam realizados; também são capazes de dar muito aos outros. Podemos dizer o seguinte a respeito deles: "Ele fez bem todas as coisas" (Marcos, 7:37). Você está convidado a fazer parte desse grupo e a usufruir de todos os benefícios que acompanham decisões corretas.

O QUE A MENTE PODE CONCEBER
O HOMEM PODE REALIZAR

APÊNDICE I

O plano de sucesso do poder da decisão

TOME A SINCERA DECISÃO DE SER FELIZ

Você precisa ser uma pessoa atual em uma experiência atual para ter a plenitude da vida no aqui e agora. O aqui e agora é sua oportunidade de decidir a favor de uma vida bem-sucedida. O sucesso futuro não se baseia no quanto você teve êxito no passado, tampouco está limitado por quaisquer desvios que possam ter ocorrido. Você é a prova viva de que a cada segundo é capaz de fazer novas escolhas. *Tome a sincera decisão de ser feliz,* nos diz o dr. Barker. *Nunca julgue a si mesmo pelo que fez. Faça-o baseado no que vai fazer. Você não é o passado. Você é o presente que se torna o futuro.*

Seguem três atividades que poderão ajudá-lo a tomar a sincera decisão de ser feliz. Dedique-se a cada atividade e permaneça com cada uma tempo suficiente para sentir uma mudança efetiva na consciência mental. **Atividade 1:** Ter em mente que os problemas não o tornarão uma pessoa melhor o ajudará a abandonar pensamentos limitantes. **Atividade 2:** Localizar seus potenciais vigorosos fará sua atenção se concentrar em encontrar ideias corretas para ativar seus maiores potenciais. **Atividade 3:** Proferir mensagens positivas o ajudará a permanecer no rumo certo ao longo do dia e reforçará a verdade a respeito de si mesmo e da situação em questão.

Lembre-se de que uma nova experiência só pode acontecer a uma pessoa modificada. Remova os problemas que limitam as circunstâncias. Comece com um desafio que esteja causando algum conflito e limitando seus dons e talentos. Continue a fixar na mente a necessidade de apresentar respostas e *ideias* disponíveis necessárias para seu crescimento. *Cada ideia pode ser o você mais autêntico aguardando aceitação.* A imaginação carrega possibilidades particulares que apenas você pode fazer acontecer. Para alcançar um novo nível de sucesso, siga cada uma dessas três atividades básicas. Elas estão destinadas a promover um nível mais elevado de concentração e revelação exclusivos a seu Plano de Sucesso.

ATIVIDADE 1: SEUS PROBLEMAS NÃO O TORNAM UMA PESSOA MELHOR

Não limite sua decisão de ser feliz examinando todas as razões possíveis para algo não dar certo. Isso é um desvio para o nada. Os problemas são para a mente o que a dor é para o corpo. São sinais de alerta. Repetidamente confundimos áreas problemáticas com o horizonte. Pare aqui e agora e conscientize-se de que seus problemas não o tornam uma pessoa melhor. O sr. Barker afirma o seguinte com grande emoção: *Você não é nem nunca foi o problema.*

O dr. Barker nos diz que estamos aqui para perceber o problema a fim de ativar as ideias necessárias para resolvê-lo. Entende? Repita isso a si mesmo vezes sem fim, se for preciso. Sua mente ativará as ideias corretas para remover cada barreira. As respostas se revelarão na ordem precisa, tão logo tenha decidido agir. Assuma hoje o compromisso de parar de construir cidades onde seus problemas vicejem. Contrate um caminhão de mudança! Tome providências. Decida examinar o que o está atravancando. *Lembre-se de ser o observador que resolverá o problema.* Eis algumas perguntas simples que vão ajudá-lo a começar o processo.

O que está me atravancando?...
Observe a si mesmo diariamente enquanto se livra do problema
....
....
....

O que me torna ineficaz?...
Observe a si mesmo progredindo diariamente com facilidade
....
....
....

O que me causa dor?...
Observe a si mesmo despreocupado e jovial
....
....
....

ATIVIDADE 2: IDEIAS SÃO POTENCIAIS PODEROSOS

As ideias certas que estão em busca do pensamento correto para se tornar a causa de sua felicidade interior e exterior já estão em sua mente. Ideias, e não fatos, são a esperança do seu universo, e elas já residem na mente atual. O dr. Barker insiste em que aceitemos essas mensagens. Comece hoje, *neste momento*, a modificar sua mente. As ideias terão mais peso se estimularem o lado criativo; esses momentos de inspiração podem resolver seus problemas. Que ideias não param de fasciná-lo? Que ideias permanecem estampadas em sua percepção consciente? Lembre-se de que você é um agente livre para agir. Use a mente para decidir o que será. Essa é a responsabilidade de viver.

Esta é a ideia que gera mais entusiasmo em mim...
....
....
....

Esta é a ideia que mais me fascina...
....
....
....

Esta ideia fica se repetindo em minha mente...
....
....
....

ATIVIDADE 3: MENSAGENS POSITIVAS PARA VOCÊ REPETIR DIARIAMENTE

Neste momento, sua mente deseja argumentar com você. Afaste os problemas do caminho. *A maneira de resolvê-los é mudar o modo de pensar e mantê-lo modificado. Essa é a decisão correta para viver uma existência plena.* A seguir, algumas mensagens positivas úteis e necessárias que vão ajudá-lo a superar as mensagens negativas que ficam se reproduzindo no pensamento consciente cotidiano. Comece neste momento a ter uma nova conversa consigo mesmo e substitua o diálogo velho e ultrapassado. Grave hoje na mente que você é uma pessoa transformada. O dr. Barker afirma o seguinte: *Os grandes desejos (as maiores ideias) são seu maior trunfo. Eles indicam experiências que você pode ter quando toma a decisão de tê-las. São um potencial poderoso, apenas no aguardo de sua atenção. Jamais devem ser desprezados.*

MENSAGENS POSITIVAS PARA REPETIR A SI MESMO

Diga em voz alta: "Nasci para ser feliz"
Nasci para ser feliz. Qualquer falso padrão que esteja causando minha infelicidade está agora neutralizado e destituído de qualquer poder. Uma nova felicidade surge em minha vida enquanto permito que ideias criativas governem meus pensamentos do dia a dia. Agora tenho novos pensamentos.

Diga em voz alta: "Sinto uma mudança acontecendo em mim"
Permito-me me abrir a novas maneiras de viver. Neste momento, ideias maravilhosas nascem em minha experiência, e eu as aceito. Novas formas são trazidas hoje para minha experiência. Estou animado com relação à vida.

Diga em voz alta: "Deixo que as respostas fluam através de mim com facilidade"
Estou alerta à minha intuição. Liberto-me da ideia de que preciso forçar uma resposta. Não posso desejar que nada aconteça. Permito-me deixar que as respostas venham de dentro e aceito minha intuição como guia. Escolho deixar que as respostas fluam através de mim. *Não se trata de eu "conseguir" alguma coisa, e sim de "deixar" que meu eu criativo se expresse por meu intermédio com facilidade e propósito.*

Diga em voz alta: "Minha satisfação é profunda"
Tenho um profundo senso de realização. Sinto que estou fazendo um bom trabalho na vida. Aceito-me como tendo uma boa experiência hoje. Celebro meu sucesso onde quer que eu vá. Sinto gratidão por essas novas ideias e experiências que afluem para minha vida. Estou feliz com as mudanças que realizo e com os problemas que deixo para trás.

A definição de uma linha de procedimento começa com a decisão sincera de ser feliz. Você tem as ideias essenciais e necessárias para provar que está com a razão. Demonstre de uma vez por todas que sempre soube o que é certo para você. Domine o poder da decisão e comprometa-se a ser um você melhor e mais feliz.

POR ISSO, RESOLVO TOMAR A SEGUINTE DECISÃO

....
....
....

Esta decisão me completa. Com o conhecimento que adquiri nessas atividades, tenho agora o poder implícito em minha decisão. Agora sei qual é o poder que respalda a decisão de ser feliz.

APÊNDICE II

Glossário

MENTE PRIMORDIAL – A mente subconsciente, que ativa a criação. A atividade da mente subconsciente é a causa da experiência da própria vida. A experiência, por sua vez, é o efeito do conteúdo e da atividade da mente subconsciente. Outro termo para Mente Primordial é Mente Causativa.

PROCESSO CRIATIVO – Processo por meio do qual pensamentos, convicções e decisões da mente subconsciente tornam-se a experiência de nossa vida.

MENTE INFINITA – Inteligência criativa universal da qual nasce toda a criação. Trata-se da Mente de Deus. A utilização individual da mente é uma parte da Mente Infinita. A Mente Infinita também é o manancial de todas as novas ideias, que dão a impressão de aparecer como presentes em nossa mente.

LEI MENTAL – Princípio pelo qual o que colocamos na mente subconsciente precisa necessariamente aparecer em nossa experiência. Essa lei básica também é chamada de lei da criação, lei do subconsciente e lei da mente.

TRATAMENTO ESPIRITUAL – Declaração positiva que trata a mente para aceitar convicções, em prol da vida, benéficas, criativas e revigorantes. Podemos pensar no tratamento espiritual como uma prece para mudar a mente de quem reza, para que a pessoa deixe de alimentar pensamentos e convicções limitados e passe a ter uma autoconsciência expansiva. O propósito do tratamento espiritual é ativar o processo criativo.